「新説」創造力が信用を生み出す

弁護士の情報戦略

高井伸夫［著］
Takai Nobuo

発行 民事法研究会

はしがき～「新説」創造力の重要性

本書は、前著『弁護士の経営戦略』に続く書として、弁護士の情報戦略について私の考え方を記したものです。弁護士の情報戦略の意義については、序章に詳しく述べましたので、ここでは、私が現在情報発信の一番のツールとして活用しているブログとそのタイトルの意味について述べ、実践例としてご紹介しておきたいと思います。

私は74歳になる直前、2011年4月1日からブログを書き、発信し始めました。ブログのタイトルは「無用の用～高井伸夫の交友万華鏡」としています。毎回、思うことを自由に書き、あるいは、親しくしている方々への取材で知った内容や訪問記を書いたり、寄稿をお願いしたり、加えて毎回自分で撮った花の写真も掲載し、現在に至っています。

ブログのタイトルでもある「無用の用」とは、『荘子』の「人皆《ひとみな》有用の用を知って無用の用を知ること莫《な》し」（人はみな、有用のものが役にたつとは知っているが、無用と思われるものが、実は大きな役立ちをするとは知らない）、あるいは『老子』の「有《ゆう》の以《もっ》て利《り》を為《な》すは、無の以て用を為せばなり」（有というものが世の中に利沢をもたらすのは、これに先だって「無」というものが用、すなわち、役だちをなすからである）という中国古来の名言に由来する言葉です（諸橋轍次『中国古典名言事典』参照）。

一つの専門分野に打ち込んで道を究めることは非常に重要です。しかし、あまりに特定の物事だけに集中しすぎてしまうと、思考がパターン化して新しい着想が出にくくなり、発想が凝り固まってしまうおそれもあります。また、人間関係も狭まってしまいます。

そこで、柔軟な思考を可能にし、さまざまな専門分野の方々と交流を深めるためには、多忙な中でも自分の専門外の物事に意識的に接する機会をつくって、知ろうと努めたほうがよいと思います。そうすることにより、気分転換にもなり、自分の専門を外から見る目も養われて、さらにはお付き合いの幅も人間の幅も広がり、人生が豊かになります。そして、「新説」創造力が育まれます。

これらは、弁護士業務には無駄な時間のように思う人もいるかもしれませんが、実際には、本業に好影響を与えます。依頼者はそれまで千差万別の生き方をされてきていますから、日頃から無用の用を心がけていると包容力が高まり、依頼者とのコミュニケーションがよりスムーズに運ぶようになります。無用の用を尊ぶ姿勢は、人として深みのある成長を遂げるための自己研鑽にもつながります。無用の用を、「時間の無駄」と言い切ってしまう人は、自ら成長の道を閉ざしているといえるでしょう。

「新説」創造力（The new theory invention）は、現代においてはあらゆる職種のビジネスパーソンに必要とされています。なぜならば、「旧説」踏襲力だけが取り柄では、ＡＩに取って代わられるからです。「新説」創造力を発揮することは、わくわくする楽しさを味わうことであり、人間であることを確認することにほかなりません。大工さんであれ、パン職人であれ、教師であれ、芸術家であれ、主婦であれ、宗教家であれ、新入社員であれ、リタイアした人であれ、すべての人が新しいやり方、アイデア、工夫、概念を考えぬくことが、ザ・ネクスト・シンギュラリティ（再び人間がＡＩを抜き返す／著者の知人の造語）に通じるのです。

『荘子』には、こういう言葉もあります。「用なきを知って、而《しこう》して始めて与《とも》に用を言うべし」（無用ということを知って、はじめて有用の意味がわかる。そのときにはじめて「無用の大用」ということを知るのである）（諸橋・前掲書参照）。

この無用の用をブログで発信することが私の情報戦略でもあるのです。無用の用が、依頼者（また今後依頼者になってくれるであろう方々）と私をつなげてくれます。情報には、その入手と発信において、ギブ・アンド・テイクの法則があります。私がブログで発信することにより、新たな情報をいただいたり、新たなつながりができます。そうした豊富な情報とつながりが、信用を生み出してくれるのです。

情報戦略の「戦略」たるゆえんを、弁護士の方はもちろん、一般企業に勤めている方にも読んでいただき、人生を豊かにするためにご活用いただければ幸いです。

２０１８年９月

髙《たか》井《い》伸《のぶ》夫《お》

【髙井伸夫　略歴】

1937年5月　愛知県名古屋市にて誕生
1961年3月　東京大学法学部卒業
1963年4月　弁護士登録（第一東京弁護士会）
　　　　　　孫田・高梨法律事務所入所
　　　　　　新日本窒素肥料㈱の労使案件、東京12チャンネル（現テレビ東京）や東映㈱京都太秦撮影所のリストラ案件等を担当
　　　　　　当時東大闘争と並んで学生運動の頂点だった日大紛争の弁護団に参加し、大衆団交の回答書の作成を担当
1970年3月　『労働経済判例速報』にて「団体交渉覚書」の連載を開始（1972年11月まで）
　　　　　　日本大学K専任講師事件で反対尋問を行い、高く評価される
1972年4月　長野県経営者協会より依頼を受けて右連載の一部を『団体交渉の円滑な運営のための手引　交渉担当者の法律知識』として刊行
　　　　　　青山学院大学非常勤講師となる（1985年3月まで）
　　　12月　孫田・高梨法律事務所退所

１９７３年１月	高井伸夫法律事務所設立
１９７７年	ニチバン事件を担当。ニチバン㈱の再建に尽力する
１９７９年８月	第一法規出版より『労使関係の原理と展望』を刊行
１９８４年４月	『労働新聞』で「精神健康管理入門」の連載を開始（同年12月まで）
１９８７年９月	有斐閣より『人事権の法的展開』を刊行
１９８９年８月	商事法務研究会より『判例からみた企業における精神健康管理』を刊行
１９９３年５月	第一法規出版より『企業経営と労務管理』を刊行
１９９９年５月	高井伸夫法律事務所上海事務所設立
２００１年９月	㈶日本盲導犬協会理事長に就任（２００３年９月まで）
２００４年12月	日本無線の地位確認等請求事件の反対尋問を最後に法廷に立つことから退く
２００６年10月	高井伸夫法律事務所北京事務所設立（２０１７年６月まで）
２０１０年１月	事務所名を高井・岡芹法律事務所に変更。同事務所の会長に就任
２０１３年４月	ＮＰＯ法人キャリア権推進ネットワーク監事に就任（２０１８年６月まで）
２０１７年５月	かんき出版より『一流の人は小さな「ご縁」を大切にしている』を刊行
２０１７年５月	民事法研究会より49冊目となる『弁護士の経営戦略』を刊行

『弁護士の情報戦略』

目次

第1章　弁護士技術上の新説

第2章　法律上の新説

第3章　事務所経営上の新説

第4章 人間力上の新説

序章

弁護士の情報戦略とは何か

【弁護士の情報戦略は新説の創造・発表】

1 新説を創造し続けること、発表し続けることが弁護士の情報戦略となる

◉新説創造こそ弁護士の情報戦略

弁護士の情報戦略とは何か――それは端的には、「新説」を創造し発表し続けることに尽きます。情報発信が依頼者との心の交流を可能とし信用を生み出すことは前著『弁護士の経営戦略』で書きました（同書第1章⑩）。また、新説を提唱することが自らの価値を高め、他の人が競争できない独占的な分野をつくりだすことになることも述べました（同書第2章⑳）。

そして、「新説」とは何かといえば、それは今までに言われなかったことを、新しく表現することです。広辞苑〔第七版〕によると「これまでになかった新しい学説や意見」と定義されています。法律家はとかく新説というと学説を思い起こしますが、弁護士の仕事が依頼者との信頼関係から成り立つことを考えれば、それは法律の解釈に限りません。たとえば、急速に進むＡＩ（人工知能）やロボットなどの技術革新とグローバル化などの社会の変化の中で、経営の視点はどう変わるのか、働く者にはどのような能力が求められるのかといった、依頼者が強く関心をもつテーマについての新説が考えられます。あるいは、新しい時代にはどのような人

間関係やコミュニケーションが重要になるのか、また厳しい競争の中で事務所をどう運営するか、さらには今後ますます問われることになる人間性を養う趣味の分野への考察・意見でもよいでしょう。

どのような分野であれ、そうした時代を読む自分なりの新説を創造し続けること、それを発表し続けること、これこそが弁護士の情報戦略の要諦です。

◉新説はどのように生み出すか

では、どうしたら新説を生み出すことができるのでしょうか。新説を生み出す、あるいは述べるきっかけは、「ちょっとした疑問」「ひらめき」です。今取り組んでいる事件で課題に直面したときに、通説や一般的とされる考えが、何かしら自分の感覚に照らしておかしいと思ったとき、違和感を覚えたとき、何かあると思ったとき、それこそが新説を生み出すチャンスです。

新説のきっかけとして、事件に限らず、ネットや、書籍、新聞などで得た情報に接してひらめくということもあるでしょう。依頼者も知っている情報から導かれた新説であれば、依頼者にも理解しやすく共感を得られ、信頼につながるでしょう。

この、まさに天から降りてきたとも感じられるひらめき・インスピレーションを得た瞬間を逃さずに、一気呵成に第一案としての自分の考えをまとめることが何よりも重要です。

私は、ひらめきを得てから最初の1週間で、細かいところはさて措き、スピード感をもってとにかく仮説としての素案を書き上げます。この勢いが、文章に命を吹き込み、書き手の個性を生み出すと言えます。

このようにして最初の1週間で書きあげる〝1回戦〟が終わったら、次に〝2回戦〟〝3回戦〟……というように、創意工夫を重ねて内容を充実させていきます。その間に、たとえばA説、B説があれば、比較してどちらが正しいか感覚的に判断します。いろいろな意見がある出来事や方法については、いずれが目的にかなっているか感覚的に判断します。そしてそれに論理的な裏付けができるように知力や時間を費やすのです。

新説を発表するときには、考えがまとまり一応の内容が書けた段階で、独立したテーマとはならないまでも、執筆の機会をとらえて少しずつ新しい概念として書き込んで、新説へと昇華させていきます。

たとえば、本書の最後に「ヒューマンワーク」という私がつくり出した言葉、考え方を書いていますが（第4章43 44）、これは2008年7月に着想を得て書き始め、同年9月のNHKドラマ「上海タイフーン」を見ているときに、「ヒューマンワーク」は人種や性別、国籍や思想・信条等々を超えて共感を得る働き方のキーワードであると、強くひらめきました。

こうしたひらめきを、1回戦、2回戦……というように原稿として充実させることに努め、2010年1月には『労働新聞』での当時の連載「人事労務の散歩道」の第1回～第3回で

「ヒューマンワーク」をテーマとして書き、また『労働判例』の連載を単行本にまとめた『労使の視点で読む　最高裁重要労働判例』(共著) を同年5月に刊行したときには、「ヒューマンワーク」というキーワードを単行本化の段階で新たに書き込みました。私の「ヒューマンワーク」の執筆は今も続いています。

◉新説への私の流儀

このような内容の充実・熟成にあたっては、私なりの流儀があります。

それは、3点の視点から考えてその新説が成立すれば、まさに新説として通用するという考え方です。鼎立ということばがあります。三者あるいは三つの勢力が互いに対立する状態を指すことばですが、その形で固定するということでもありましょう。同様に、3点の視点から自分の考えをしっかりと支えることができれば、新説として発表できると判断するのです。また、これは同時に、4点目、5点目という視点から考えたときに補正を図る必要が将来生じうることも心得るべきであるということを示しています。

もちろん、新説を発表したからといって直ちに受け入れられるわけではありません。新説が認められるためには、社会の多くの人に納得してもらうことが必要です。社会正義の実現を目的とする弁護士としては、自らの新説が多くの人の納得と共感を得られ、社会に貢献できるものでなければならないのです。

2

【新説の役割と弁護士の価値】

新説は社会を進歩させる、いわば自動車のアクセルである
――アクセルを踏まない弁護士は不要

◉新説の役割

新説の役割を考えてみましょう。世の中、社会に新説がなぜ必要かと言うと、新説は常識を変更するものだからです。そして、新説が次から次へと出るということは、常識が次々とくつがえされていくということです。

私の敬愛する石原結實先生は、医師として自己治癒力を高める自然療法の研究を重ねて独自の理論を構築し、診療活動のほかに多くの本も出版されています。先日お会いしたときに、石原先生は「ガリレオにしても、ニュートンにしても、異端者が時代をつくってきているのです。オーソドックスなことを言っていても発展はしません。今までの考え方、方法ではだめだっていうことを悟らないと、この国は医療費で破綻してしまうでしょう」と強く指摘されました。石原先生の言葉には、新説の重要性が端的に示されています。

常識はその時代の価値観によってつくられています。

新説を生み出すことは、常識がくつがえされることにつながり、世の中の進歩に寄与できる

ということです。社会貢献活動なのです。逆に言えば、新説を思考しない、唱えない人は、古い体質の人であり、時代に遅れた人です。たとえば、ちょんまげという髪型があります。江戸時代には男性の髪型として当たり前のものでしたが、今はそんなことをしている人は奇異の目をもって迎えられるでしょう。新説を思考しないということは、現代においてちょんまげを結っているのと同じことです。

要するに、絶えず社会は変化している、その中で新説は新しい時代に乗り遅れないための自転車のペダルの役割、自動車でいえばアクセルを踏むことなのです。そうしてこそ時代を変革する力が生まれます。すなわち新説を唱えることは、半歩先、一歩先を絶えず見極めることであり、リーダーシップの源泉となるものなのです。

こうして考えてくると、新説を考えない弁護士は、社会の進歩に寄与しないわけですから、存在価値がないと言ってよいでしょう。そのような弁護士は、AIに置き換えられてしまいます。物事を考えぬき、新説を唱えることこそが、社会正義の実現を目指す者として、AIにできない弁護士の活躍の道です。

◉新説を実践する弁護士

あらためて指摘するまでもなく、弁護士法1条は、弁護士の使命として、「弁護士は、基本的人権を擁護し、社会正義を実現することを使命とする」（1項）、「弁護士は、前項の使命に基き、誠実にその職務を行い、社会秩序の維持及び法律制度の改善に努力しなければならない」（2項）と定めています。弁護士は日々の業務として依頼者の利益のために最善を尽くすものですが、その大前提として社会正義の実現に努めるという使命を負っているという意識を、常に持ち続けなければなりません。そして、よりよき社会を目指す志が、新説を考え、それを発信する姿勢につながります。

高い志を持ち、社会正義の実現に向けた活動を継続している弁護士として、河合弘之弁護士、久保利英明弁護士、升永英俊弁護士（五十音順）の活動は、マスコミを通してもよく知られていると思います。河合弁護士、久保利弁護士、升永弁護士らがどのような新説を実践されているのか、本章❸で具体的に紹介します。

【有力弁護士は新説に取り組む】

3 常に新たなテーマに取り組み、新説創造力を持つ者が、社会で存在感を発揮する

本章2に書いたとおり、弁護士が新説を考えて発信する意義とは、一つは弁護士自身が技量を高めるための方途です。しかし同時に、社会の新たな動向について法律の専門家たる弁護士がどのように考え対応するのかについて、企業人・組織人・フリーランス、学生等々、多くの方々が知りたい・学びたいと願っているというニーズに応えるためであることも強く意識すべきです。

このような社会のニーズに弁護士が応え、継続的に発信を続けることが、ひいては社会正義についての一般の視野を拡げ、社会の質を高めることにつながると私は理解しています。

本書を着想したときに、河合弘之弁護士、久保利英明弁護士、升永英俊弁護士（五十音順）という優れた実績をお持ちの先生方に、「先生が新たに取り組み、新たに発想したテーマをお教えください」とお尋ねしたところ、詳細な回答をいただきました（2017年秋冬）。いずれも、独自の発想とでそれぞれの方法で、社会正義の実現に邁進されている先生方です。紙幅の都合で要点のみを紹介します。

河合弘之弁護士は、中国残留孤児の問題と原子力発電所（原発）差止仮処分等の活動で特に著名です。

中国残留孤児の問題では、従前は国に対する国籍確認訴訟がオーソドックスな方法であったところ、時間と手間を短縮するために、当時はあまり用いられていなかった就籍（戸籍法、家事審判法（当時））の申立てを家庭裁判所に行い、1250人について日本国籍がとれたと言います。そして、河合弁護士はこれらの人々への支援を継続されています。また、原発差止訴訟では、従前はいわゆる本訴で行われていたところ、即効性のある仮処分申立てを主流の手段にされたことにより、多くの実績を挙げられました。

◉久保利英明弁護士の新説

久保利英明弁護士は、升永弁護士とともに「一人一票」運動に精力的に取り組まれたり、東京電力の原発被害訴訟に取り組まれていますが、もともとは企業法務の第一人者です。株主総会における一括上程一括審議方式を考案されて健全な総会の進行を実践された発想は見事であり、また、早くから企業のコンプライアンス、企業統治の重要性を唱えられていました。近年は企業が自社の不祥事への対応として立ち上げる第三者委員会による報告を検証するための「第三者委員会報告書格付け委員会」を設立され、委員長として大いに活躍されています。「私はいつも依頼者の脳みそからニーズをくみ上げ、依頼者が想定していない角度から、新機軸を練り上げてきたつもりです」という久保利弁護士の言葉は、弁護士のあるべき姿勢を端的に表わしています。そして、77冊もの著書を出された発信力の持ち主です。

◉升永英俊弁護士の新説

升永英俊弁護士は、「青色LED職務発明相当対価請求事件」に代表される知的財産関係、そして税法関係など社会的に注目される多くの裁判を手がけられたことでも知られています。

2009年からは、民主主義の根幹である投票価値の平等を実現すべく、「一人一票実現国民会議」の発起人として、同志である他の弁護士とともに投票価値の平等の実現に向けて活動され、全国で多くの訴訟を起こし、これまでに6件の最高裁大法廷判決（「違憲状態判決」5件と「合憲判決」1件）を得られています。升永弁護士らの活動は国の選挙制度策定に影響を及ぼし、概ね人口比例選挙となるいわゆる「アダムズ方式」による衆議院議員選挙の選挙区割りが、2022年以降に実施されるようになりました。升永弁護士は、「①憲法56条2項、②同1条、③同前文第一文（「日本国民は、正当に選挙された国会における代表者を通じて行動し」）の三つの規範が、人口比例選挙を要求していることを発見されたとのことです。

◉若手弁護士も新説を実践する

なお、私の知る若手弁護士では、自由民主党参議院議員でもあり、弁護士ドットコム株式会社の創業者、そして代表取締役会長でもある元榮《もとえ》太一郎弁護士の活躍が、抜きん出ています。元榮弁護士は、言ってみれば三足のわらじを履いて、多様な能力を発揮しています。元榮弁護士とのご縁は、弁護士ドットコムから取材を受けたことがきっかけでした。複数の優れたキャリアを実践する元榮弁護士の活動は、それ自体が新説創造力そのものであり、これからの時代のさきがけです。

これらの弁護士は、自分自身で発想した新説を実践し、社会に向けて情報も発信しています。こうした活動が、よりよき社会の実現に大きな役割を果たしていることに、心から敬意を表します。

4

【不屈の魂が新説を生み出す】

新説は未知の世界であり、楽しみでもあるが、鍛錬に鍛錬を重ねた結果である

新説を創造する、発表するというのは、弁護士にとって胸躍るような楽しいことです。それは、努力してストレスを乗り越えて、今までにない思想や考え方、技術を開発するからこそ味わえる、本当の意味での楽しさです。

◉はじめの一歩

猿田彦《さるたひこ》は非常に古い神様で、古事記や日本書紀にも登場します。天孫降臨のときに道案内をしたとされ、「国初のみぎり天孫をこの国土に御啓行《みちひらき》になられた」と伝えられています。このことから、猿田彦はものごとの最初に現れ万事最も善い方へ導く神として知られています。その猿田彦の導きから、「はじめの一歩」ということばが生まれ、伊勢神宮内宮の近くに猿田彦神を祭る猿田彦神社があり、「はじめの一歩御守」というのが売られているそうです。

これは、「はじめの一歩」がいかに大切かということを長年にわたり伝え続けるものといえます。**はじめの一歩、それは勉強でも研究でも、あるいは講演でも、何にしても、はじめの一**

歩があって初めて二歩目、三歩目と歩み始めるということです。もちろん、はじめの一歩は未知の世界です。それゆえに、経験もないし、どのようなリスクが待ち構えているかもわかりません。それでも、それを乗り越えてこそ、次の一歩が踏み出せるのです。

はじめの一歩の重要性を表す言葉はほかにもあります。「隗《かい》より始めよ」という故事成語です。中国の戦国時代、燕《えん》の昭王から天下の逸材の求め方を問われた郭隗《かくかい》が、そのような逸材を招きたければ、まず凡庸な私を重く用いなさい、そうすれば自分よりすぐれた人物は自然に集まってきます、と答えたという「戦国策」燕策の故事からできたことばです。

◉はじめの一歩を踏み出すために

新説は、まさにこのはじめの一歩なのです。新説を生み出すには、ひらめきが重要であることは述べました。しかし、ひらめきは、ほんとうに突然生まれるわけではありません。それは、猿田彦神にせよ、郭隗にせよ、もともと研鑽を積んでいる立派な存在なのです。

新しい視点は突然起こるのではなくて、鍛錬に鍛錬を重ねて新しい視点を追求した結果として、ある課題に直面したときにひらめきが生まれるのです。

それには何が必要かといえば、気付きを意識することです。刺激があり、気付きがあって初めて新説が生まれるのです。ただぼやっと考えているだけでは新説は生まれません。相談案件、裁判案件などを一生懸命に考えぬく過程で、何かの拍子に気付きがある、何かの動作に刺激を受ける、そうして新説が生まれてくるのです。

そうした気付きがある、刺激を受けるというためには、視野を広げることが必要です。視野が広がれば新説が生まれやすいのです。どのように視野を広げるかといえば、手っ取り早いのは、自分が考えている事柄と同様のテーマで書かれた文章を読むということでしょう。同様のテーマで違う人が書いたものを読むことで、自らの視野の狭さを自覚することができるからです。

しかし、そのような直接的なことではなくとも、小説であるとか、日々の新聞記事であるとか、雑誌やインターネットの短い文章でも、視野を広げられることがあります。思いがけないことから発想が展開し、新説を生み出す視野の広がりをもたらします。

より広く、より深くという姿勢を絶えず持つということが、新説を生み出すことにつながるのです。これは一見すると簡単なようにも思えるかもしれません。しかし、より広く、より深くという姿勢を絶えず持つというのは、一種の修行のようなものです。それを進めていくのは、精進という世界です。前述した、小説や新聞記事、インターネットの文章を読むのは、得てして受け身になりがちです。新説を生み出す読み方というのは、視野を広げよう、深めよう、という闘いであり、それにはまさに不屈の魂が必要なのです。

【経営者感覚と情報発信は両輪】

5 経営者感覚のない情報発信は物事の真髄に迫れない

私は、まだ若い頃に大先輩の弁護士から、「高井君、弁護士はね、歩いているだけで仕事がくるようでなければダメだよ」と冗談混じりに言われたことがあります。仕事に励んで成果を挙げて、世間で名前が知られるようになれば、受け身の姿勢でもそれ相応の仕事の依頼がくる時代のことです。

翻って今の時代は、能動的に発信しない弁護士、専門職、個人事業主は、存在しないのと同じです。たとえイソ弁の身分であっても、自分自身が自分自身の経営者として高いセルフ・プロデュース能力を身に付けていなければ、生き残ることは不可能です。言うまでもなく、弁護士という資格さえ持っていれば半ば高収入が得られるというような牧歌的な時代は、とうに過去のものとなりました。

弁護士にとって必要な能力は、高度に専門的な技量に加えて、情報発信力と経営者感覚であるといえます。

◉経営者感覚から見た情報発信10項目

弁護士そして法律事務所経営者としての経験から、情報を効果的に発信して存在感を獲得するにあたっての考え方を次のような10項目にまとめてみました。

(1) 「主観」を自分の言葉で語れない弁護士に、情報発信の力はない。
(2) 情報の精査は、取捨選択に尽きる。玉石混交の中から選別して、価値ある情報を得る。
(3) 情報の足し算は誰にでもできる。取捨選択による決断で、情報を純化していく引き算が命運を制する。したがって、情報の引き算にかける労苦を惜しんではならない。
(4) 情報は、まず足して、引いて、煮て、焼いて考える。
(5) 自らが情報を発信するための効率的な情報収集活動の方法を、工夫して構築しなければならない。
(6) 情報戦略としては、情報の出し方が極めて重要であることに十分に留意する。
(7) 情報の入手と発信において、ギブ・アンド・テイクの法則を念頭に置く。相手にとって有用な情報、貴重な情報を発信できなければ、相手から価値ある情報を入手することはできない。
(8) 法曹界以外にも幅広い信頼のおける人脈をつくり、情報の入手と発信を心がける。
(9) 情報の内容のみならず、情報の流れ（自分は他からどのように見られているか等）について的確な助言をしてくれるメンターやブレーンを見つける。

⑽　情報戦略は、企業でいえば企業統治の根幹の部分を成すものである。しかし情報戦略それ自体が目的ではなく、自らが社会から高い評価を受け、成長するためのツールである。

これら10項目に自分の経験を加えていき、経営者感覚を持つ弁護士としての独自の情報戦略を構築するヒントを、本書から得てもらいたいと思います。

◉書く能力こそが真髄に迫る能力

ところで、情報発信のツールが、紙媒体からインターネットへと移行した現在であっても、ペンで書くかキーボードをたたくかという違いこそあれ、自分の頭で考え、意見や思考、思想をとりまとめて発表するのは、文章を書くという作業が基本であることに変わりはありません。

特に、弁護士のみならず法律家の場合は、業務のほとんどが文章を書くことで占められると言っても過言ではありません。毎日がさまざまな種類の文章の起案の連続であり、文章力の修練の場です。

私がこれまでの弁護士生活を通して確信しているのは、長い文章によい文章はないということです。

裁判官も検察官も弁護士も、書面や証拠等について、やたらに「量」を追求する人、分厚く書けばよいという考え方の人がいます。文章は本来、「量」よりも「質」を求めるべきなのですが、これらの長文好きの人は、「質」よりも「量」を重視するという価値観を持っています。

しかし、前述のとおり、情報戦略とは価値ある情報を見出して精査する点に主眼を置くべきであることからしても、文章においても、「量より質」という基本精神にのっとって業務を進めなければ、新たな発想も新説も生まれるはずがありません。**簡潔でわかりやすく、的確な文章を書く能力こそが、物事の真髄に迫る能力です。これは、裁判においても同様です。**

法律家は、書き続けるという宿命を負っています。書いて、書いて、情報を発信し社会貢献に寄与するのです。

これまで400冊もの本を出された96歳の瀬戸内寂聴さんが、「書くこと」について次のように記されています。すなわち、「ものを書くのは自分を解放することだし、自分を知ることにもなります。自分をよく知り、魂の自由を得るところに人間の幸福が生まれてきます。同時に、ものを書くことによって、自分の知らなかった可能性にめざめ、それを育てることにもなります。書くためには読まなければならないし、見なければならないし、考えなければならない。それが生きることの弾みにも励みにもなるのです」(『生きることば　あなたへ』(光文社文庫)より)。

書くことを生業とする者は、この瀬戸内さんの言葉から勇気と励ましを与えられ、共感を覚え、明日への活力が湧いてくるのを感じるに違いありません。弁護士にとっての情報発信と経営者感覚の意義は、突き詰めていけば、書くことによる精進であるともいえます。

第1章

弁護士の情報戦略

【リストラの方法に関する新説】

6 大胆なリストラは、経営陣の決意表明の下、2段階で行う

◉直面した課題――なぜこの課題を考えたのか

ある会社からリストラの相談を受けました。それは2回目の人員整理とのことで、1回目の人員整理後も業績は低迷し、過去4年連続赤字となってしまったため、役員・管理職を含め社員総数を2分の1に削減して再建を図るという計画でした。

人員整理は3分の1までが限界というのが一般的な考えです。なぜなら、3人に1人の削減であれば、残るのが2人、退職するのが1人で、多数が残ります。そのような条件では、職場内での心理的なコントロールが可能であり、残る2人が企業を支えてくれるでしょう。しかし、2分の1となれば、そうはいきません。誰もが退職の不安を抱えることとなり、誰もが人員整理に反対に回るのです。

しかし、その会社は人員を半分にできなければ会社が倒産しかねない状況でした。弁護士として、この一般的な考えを乗り越え、リストラを断行することが求められていました。

◉ひらめいた考え――新説への導きとなるか

どうしたらよいか。その方法に苦悩しているときに、人員整理に反対する社員の核は何であろうかとの疑問が浮かび、それに対し、核は管理職ではないか、とひらめいたのです。なぜなら、管理職には日頃経営上の数値も示され、さまざまな情報を有しており、いざとなれば経営者・役員に対する責任追及を行うことが可能であり、かつ、労働組合による保護もないことから、自らを守るために強硬な態度に出ざるを得ないという動機もあるからです。

一方で、もし管理職が人員削減を受け入れたならば、会社の実情を一般職の社員もおのずと理解し、その納得感を得ることが可能となるのではないかと考えたのです。

◉検討・熟成の過程——具体的に何をどうするか

まず管理職を納得させ、次の段階で一般職の社員の納得を得る、すなわち2段階のリストラ策がこうした生まれたのですが、これを発表・実行するには、具体的にどうすればよいのか検討しなければなりません。その会社の業界の動向、業務内容や組織、経営者・役員や主要管理職の属性などを、資料を収集しつつ検討した結果、おおよそ次のような段取りで実行することとしました。

① 前提として、経営者・役員から、経営陣も一定の責任を負うのだということ、一般職も労働組合があろうとも勇退してもらうのだということについて、決意表明をする。

② 管理職に対して、一般職に対する以上の気働きをして、より説得力ある説明をしていく。

③　一般職のリストラは、管理職のリストラが完了してから行う。リストラがすでに第二の段階にあることを周知するためである。また、管理職を先にリストラすると、多くの場合、その部下たちも存在感を失い退職せざるを得ない雰囲気が醸成され、リストラを進行しやすくなるという意味もある。

④　一般職の希望退職者の募集にあたっては労働組合との了解点に達することを第一とする。その際は、管理職も受け入れざるを得なかった客観的な経営数値を説得材料とする。

こうして管理職の人員整理を先行させたことにより、弁護士や上部団体とも相談していた労働組合も最終的には人員整理やむなしという結論に達しました。それは、会社の経営数値がもはや重大な事態にあり、組合の意見如何によっては会社が倒産しかねないということを理解したからなのです。

リストラはいまや日常の経営の一環として戦略的に考えるべきものとなっています。しかし、使用者としては、しばしば「首切り」という厳しい言葉で表現される解雇により労働者に疎外感や恐怖心がもたらされることをも意識して、日常の労務管理を真摯に行う必要があります。そうした助言をするのも、弁護士としての大切な心構えであり技術です。

7

【人事・労務問題のとらえ方に関する新説】

労働訴訟＝〝全身訴訟〟は新たな意味をもって現代に通用する

◉直面した課題——多様化する労働問題のとらえ方

現在、労働法の分野、人事・労務関係には、従前からの課題も含めて、多岐にわたる多くのテーマが出現してきています。

たとえば、非正規労働の問題、格差問題、同一労働同一賃金の問題、障害者雇用の問題、内部通報者保護の問題、定年制の問題、雇用の場におけるLGBT（性的少数者）の問題、労務コンプライアンスの問題、長時間労働の問題、解雇の金銭解決の問題、等々枚挙に暇がありません。

こうした多様な諸問題に対応する中で日々感じるのは、企業や組織にとっての人事・労務問題のあり方も個別化・細分化せざるを得ない部分が増え、以前とは大きく異なってきているということです。

◉ひらめき——〝全身訴訟〟が生まれた時代

かつて、労働訴訟を「全身訴訟」と表現した裁判官がいました。

昭和20年代は、第二次世界大戦後、日本の社会にあらゆる場面で大きな変革がもたらされた時期です。労働法制もその例にもれず、いわゆる労働三法といわれる「労働関係調整法」（1946年（昭和21年））、「労働基準法」（1947年）、「労働組合法」（1949年）が成立し、労働者の権利を保護する価値観の基盤がつくられました。その昭和20年代に、労働訴訟を「全身訴訟」と表現した裁判官がいたのです。

聞き慣れない言葉だと思いますが、その真意は、労働問題・労働訴訟の特殊性を端的に表現することにあったのでしょう。つまり、労働関係の訴訟は、一般の財産権をめぐる訴訟のように1個の法律関係が独立に争われるものではなく、人間にたとえれば〝全身〟にあたる企業・組織全体に影響を及ぼす特性を持つ、そのことを意味していたのです。換言すれば、労働問題が裁判沙汰になったら、企業は倒産の危機（＝企業にとっての「死」）を意識しなければならないという意味でもあります。

この表現は、集団的労使紛争が頻発していた頃の労働事件に対する一つの分析・評価であったと言えます。

その後の労働争議の件数の推移を見ると、昭和21年には全体で920件であったものが増加の一途をたどり、昭和49年には1万462件というピークを迎えました。

大きな例としては、昭和30年代半ばには「総資本対総労働」といわれた激烈な三井三池争議

が起こり、また、昭和50年前後にかけて日本国有鉄道（国鉄。当時）ではいわゆるスト権ストが行われました。三井三池は総資本の倒産につながり、国鉄も解体となり、いずれも企業・組織としての「死」を迎えたのです。当時は、確かにほとんどの労使紛争において、労働組合の存在感が大きく、労働組合が労働側当事者であった時代には、〝全身訴訟〟という言葉が強い実感をもって使われていました。

しかし、社会の状況が集団から個へと移行し、労働組合の存在感が小さくなるのと並行して、労使紛争も個別化してきました。この流れを受け、２００１年に「個別労働関係紛争の解決の促進に関する法律」（個別労働紛争解決促進法）、２００４年に「労働審判法」が成立し、また、２００７年には「労働契約法」が成立して、労働関係の個別的な契約の側面がより意識されるようになりました。このように個別紛争が主流となり、当然のことながら、現在では労働訴訟が〝全身訴訟〟とは言えない状況となってきています。労働争議（総争議）の件数も、２０１７年には、わずか３５８件にまで急減しています。ピーク時のわずか3・4％ほどです。

◉熟考――〝全身訴訟〟は消滅したのか

冒頭に述べたように、現在の労働法の分野は極めて多様化しています。そして個別紛争が主流の今、この〝全身訴訟〟という考えは意味がないのかどうか、熟考しました。

冒頭掲げた諸問題は、ここ数年で急速に進行した社会のグローバル化の問題とも大いに関連するテーマ群です。そして、これらのテーマ群が「〝全身〟にあたる企業・組織全体に影響を及ぼす」（＝裁判となり悪くすると倒産・解体の危険さえ生じかねない）問題性をはらんでいるという意味においては、まさに〝全身訴訟〟と言ってよいのではないかと思います。

労働組合という当事者がいた時代には見えやすかった全身訴訟ですが、紛争の種類が多様化し、個別紛争が主流となり個々の紛争だけを見れば〝全身〟とは言えなくなった今も、いったんトラブルが発生すれば、それらは企業にとって極めて重大な問題となるのです。

その意味で、労働問題を全身訴訟と説いた発想の根本は、今も確かに生き続けているといえます。人事・労務問題が経営に直結するテーマであるゆえんです。

8

【依頼者への対応に関する新説】

「3連勝主義」——依頼者に勝ち癖をつけさせることが本丸を落とすことにつながる

◉直面した問題とひらめき

ある会社の建て直しを手がけ、種々の検討から再建策を立案し、経営者・役員に示しました。一通りの説明を終え、経営者・役員からの質問にも答え、打合せも終わろうとしていたときでした。私が「気がかりなことはありませんか」と聞いたところ、「これだけ人数が減ったら、再建に必要な売上が達成できないのではないか」との不安を訴えてきました。倒産寸前の会社だから、社員皆の士気が萎えているということです。

こういうときは瞬時に判断し、依頼者に指針を示さなければなりません。そのとき私は、「とりあえず3連勝」ということを思い浮かべました。（再建への）挑戦への意欲を鼓舞するためには、まず勝つことの喜びを味わわないといけないのではないか、と考えたのです。

◉どのように依頼者に伝えたか

そこで私は、依頼者に「3連勝主義」というキーワードを掲げました。

勝てる目標を三つ立てて、毎日3連勝、あるいは毎週3連勝する。3回続けて、3×3＝9

連勝する。目標は小さくてもよい。ただし、簡単ではいけない。達成感がないからだ。期間はどのように設定してもよい。とにかく勝ち癖をつける。どこかで負けたら、その時点でまた仕切り直して、3連勝、3連勝とつづけてゆく。

このような方針を示しました。

ここで気を付けなければいけないのは、目標は個人ではなく、チーム単位で立てて実践するということです。なぜなら、これは社員が一丸となって再建に取り組む意欲を高めるためだからです。一番最初に3連勝した部署・チームを賞賛するシステムもつくり、目標達成を盛り上げます。

これに対する依頼者からの疑問には、私は「大丈夫、大丈夫」と答えます。弁護士がそのように言うとありがたみがなくなるように思う人もいるかもしれませんが、否、それによって結局は元気が出て、競争相手を凌駕し、難局を克服していくことができます。その成果が弁護士への信頼の元なのです。

◉弁護士の技術

私は「大丈夫、大丈夫」とことさらに言います。依頼者が大丈夫と思っているときには言う必要はありません。依頼者が心配だ、危ないかもしれない、と思っているときに私は言うのです、「大丈夫、大丈夫」と。そう言われると、できるかもしれないな、と前向きになり、よい意味で依頼者は錯覚に陥るのです。それでよいのです。錯覚がだんだん確信になり、確信がやがて推進力を生み出します。

兵は勢いなり。「敵に勝ちて強を益《ま》す」、すなわち「勝ってますます強くなる」とは孫子の兵法です。「3連勝主義」は、その裏付けのある作戦であり、その勢いをもって本丸攻撃（会社の再建）に移ることができるのです。

9

【問題発見・解決に関する新説】

相手方の人間的な資質や能力を見極めることが問題の発見と解決につながる

「石にも目がある」の教えについては、前著『弁護士の経営戦略』でも書きました（同書第1章❹）。このことばは私が新人弁護士として師事した孫田秀春先生から教えていただいたものです。詳しくは前著を読んでほしいのですが、要するに、たとえ自分の手に余るような大きな仕事でも、どこかに必ず「目」（弱点・筋目）があるということです。

◉直面した課題

ある会社がマンション開発を進めている一〇〇億円の土地に、ある日突然所有権抹消予告登記（現在は廃止されています）がされるということが起き、その会社の役員があわてて私のところへやってきました。これは、その会社の事業に以前関与していた者がその土地の所有権をめぐり訴訟を提起したことからなされた登記でした。審尋もなく裁判所の命令によってなされるもので、それ自体を争う方法がないのです。

この登記により、土地の担保価値は事実上ゼロとなり、その会社は倒産の危機に瀕することになりました。

◉発見した解決法

私は、依頼者の困窮を目の当たりにして、何とかできぬかと思い、さまざまな文献を調べたところ、裁判所がこれを職権で抹消できるということを発見しました。そこで、すぐに裁判所に上申書を提出し、その結果、問題の予告登記は3週間ほどで抹消されたのです。

その会社はこれにより生き返り、株価も急騰するに至りました。まさに起死回生の一挙でした。

◉どのように「目」を発見するか

これは、見えるものだけに拘泥せず、瞬時に「目」を見出すことの一例ですが、弁護士の仕事としては、交渉や駆け引きにかかわるものが多いところです。では、その交渉で見極めるべき「目」とは何でしょうか。

事実関係における依頼者側および相手側双方の主張を比べて相手の弱点を抽出し、依頼者側の主張を組み立てる。ここまでは通常の仕事です。私は、このとき、相手方の人間的な資質や能力をも見極めることが、交渉における「目」を見出す重要なポイントであると考えています。すなわち、相手方は誠実なのか、腹黒いのか、あるいは強気なのか、弱気なのか等について、正しく把握する。この人間性の見極めが当該案件の解決に向けた「目」の発見につながります。

これは、相手方のみならず、自分の依頼者に対しても同様です。

常に、依頼者、相手方、証人らのそれぞれの特性を十分に把握したうえでの対処こそが、事態の迅速な解決につながります。弁護士には、あるときは心理学的手法で人物評価をすばやく行い、あるときは臨機応変さを失わず一貫した姿勢で、勝負師のごとく自らの心力・胆力を発揮し、**成果を出すことが求められています。**

すなわち、しかるべき「目」を発見し、その後は、心力・胆力を発揮する。心力とは、心の働き・精神の活動力であり、胆力とは、物事を恐れず臆しない気力です。こうしたプロセスこそ、弁護士のみならず、すべての職業人において、結果を出すということにつながるのです。

【弁護技術向上に関する新説】

10 「尽くすべきは尽くす」、自らの五感を使ってとことん情報を集め、最善を尽くす

◉ある書籍との出会い

「なほになほなほ」――これは、文楽の7代目竹本住太夫氏（1924年10月～2018年4月）が、2008年12月に上梓された書籍の題名です。同書によると、奈良・薬師寺の管長高田好胤氏（1924年3月～1998年6月）より「奥深き語りの技を　ただただに磨ききたりて今日の功（いさおし）なほになほなほ」と書いた色紙が届けられ、爾来、「なほになほなほ」は住太夫氏の一番好きな言葉になったとのことです。氏はこの言葉を、「これを励みに慢心することなく、なお一層精進しいや」の意と受け止めたそうです。

◉背筋を正された思い

功成り名を遂げられてもなお謙虚さとひたむきさを持ち続ける住太夫氏に、私は、道を極めんとする人間の一本芯の通った精神を見た思いがしました。その瞬間、私は自らに向き合わざるを得ませんでした。自分にとって一本芯の通った精神とは何なのか。

我々弁護士も、「なほになほなほ」、現代語で言えば「なおになおなお」に徹して研鑽してい

かなければなりません。法律自体が社会の変化に応じて常に変遷していますし、また、特に高齢になればなるほど若い者に追いぬかれることは必然ですから、日頃から新しい判例の動向に目を光らせ、法改正や新しい概念を貪欲に吸収していかなければならないのです。

◉私にとっての「なほになほなほ」とは何か

依頼を受けて具体的な事件の解決にあたるとき、私は次のようにします。

問題解決の端緒はまず事実関係を知ることです。しかし、事実を要領よくまとめた書類を読むだけでは、問題の真の全体像は見えてきません。大切なのは、現地に赴き、現場を見て、担当者の話を直接聞き、これらを書面化し、さらに関係者に何度も確認することです。机上の書類だけを見て仕事をするようなことはしません。

企業からの案件であれば、何をおいてもまずその企業にうかがいます。受付で挨拶をし、担当役員の執務室を通り、社長室に赴き、深呼吸をしてみる。これは、その企業の持つ独特の雰囲気・空気を感じるために不可欠な手続なのです。そして、現場の担当者の話を直に聞くようにします。問題を取り巻く空気を感じ、生の声に接して初めて、問題解決に迫ることができるからです。

これが私がかなり昔から実践していることですが、名経営コンサルタントの故一倉定《いちくらさだむ》先生の「社長はお客様のところに行け。穴熊社長ではダメだ」という名言に通じるものと自負しています。すなわち、自らの五感を使って、とことん情報を集めるということです。

こうして私は、自分の弁護士としての仕事を振り返り、「尽くすべきは尽くす」、これが私のモットーではないかと考えるようになりました。ありとあらゆる努力をし、最善の問題解決を図るということです。

「自分は最善を尽くしているか？」若い諸君には特に、この問いかけをいつも胸に抱いて仕事に臨んでほしいと思います。

11

【解決策の実現に関する新説】

「この策に展望あり」——当事者を鼓舞する「大義名分」を常に意識することが解決につながる

◉リストラ実現への課題

私は人事・労務を専門として、長年にわたり数多くのリストラ案件を手がけてきました。いまやリストラは、わざわざリストラとは言う必要がないほどに一般化し、人員削減は日常の経営判断の中で行われるようになっています。それだけに、リストラをスムーズに行う必要が高まっています。

それでは、いったいリストラをスムーズに実現するにはどうしたらよいのでしょうか。

◉人を動かすものは何か

私はこの問題を考えたときに、リストラは誰もがやりたくないことだ、しかし企業再生のためにはやらなければならない、ならば、やる気を起こさせる、経営者だけでなく社員皆がこのリストラを断行して企業を再生しなければならないと未来に向けた展望を持てるようにすることではないか、と確信しました。

いわゆる整理解雇四要件である、①人員整理の必要性、②解雇回避努力義務の履行、③被解雇者選定の合理性、④解雇手続の妥当性は、裁判所によって解雇が否定されないための要件にすぎず、リストラを実現するための方法ではありません。実務のうえで、未来志向の真の意味のリストラクチャリングを成し遂げられるかというと、それはまた別の話です。

では、何がリストラを実現させるのか。人事・労務の専門家として悩んだ結果、必要に迫られ私が編み出したのが「大義名分」を明らかにする手法です。裁判所の言う必要性にとどまらず、社員の士気を極力損なわないように企業の存続・再生・再興を図るためにはリストラしかないことを的確な数値を用いた資料で強調するという考えです。

すなわち、大義名分書では、①厳しい経営状況、②経営改善努力、③経営のけじめと再建に向けた体制、④合理化の徹底と再建計画骨子、⑤再建の前提としての人件費の限界と人員体制、⑥人件費および人員目標達成の具体的方策などの項目について、ふんだんに数値を盛り込み（たとえば、売上高、売上利益、営業費、人件費、従業員数、労働分配率、一人あたりの売上利益、同業他社の生産性、同業他社の労働分配率等々）、客観的に説得力のある内容にし、これらに加えて、その企業が「未来に生きる」ための目的意識と、リストラの断行により社会的ニーズに応える企業として存続し得ることを明示します。

◉人を動かすには手順も重要

もちろん、大義名分書をつくって終わりではありません。大義名分はあくまでスタートです。

そこで、より一般的に、企業が苦しみの中から施策を実現する場面で手順を考えてみましょう。

第一は、今述べたような大義名分が、現場感覚・職場環境にマッチしたものであること、すなわち社員の心をとらえ心を打つものでなければいけません。

第二に、想定状況を設定しておくことです。すなわち、予想されるリスクへの対処を想定するのです。現在のグローバル、デジタルな社会では、危険の大きさ、障害の厳しさはわずか5年前とでも大違いです。危険を乗り越え障害を克服するには、さまざまな事態をあらかじめ想定したうえで、しかも推進力を維持しながら進む以外にはありません。それが、経営者のみならず、社員に自信をもたせることにつながります。

第三に、想定問答をあらかじめ入念に作成しておくことです。質問は社内からだけではありません。株主や債権者からも質問がくるでしょう。事業によってはマスコミ対策も必要となります。そうした場面で、自信をもって的確に答えられるようにしておくことが大切です。

第四に、タイムリミットの設定とそれに至るスケジューリングです。いついつまでに何を行い、やり遂げるかという進行表の作成です。リストラにおいてもそうですが、合理的な範囲でなるべく短く設定するのがコツです。長ければ、情報が漏えいしたり、情報の価値がなくなり、事業自体が頓挫しかねません。

第五は責任者を決めること、第六は軍資金です。これらは言うまでもないことです。

以上のことを踏まえて、事業の計画書・提案書を作成することになります。

そして第七は、その計画を発表するときは、内容がいかに深刻なものであっても「展望あり」という、明るさを演出することです。これは計画に現実的可能性がなければならないと同時に、経営者自身がその実現可能性を理解し、実現した後に社会的に価値のある企業として存立しているという姿を信じていなければ、社員が実現に向けて挑戦することはないからです。

企業・組織のリストラを成功させるには、必要性を意識するだけでは不十分です。リストラを実施する大義名分こそが展望をもたらし、社員の挑戦意欲をかきたてるのです。

12

【解決策の見出し方に関する新説】

弁護士にとってタイミングほど重要なものはない

◉タイミングが大切とは人生の真理

「ステキなタイミング」という曲があります。アメリカで1960年に発表され、原題は“Good Timin'”です。日本では坂本九さんなどが歌っていましたが、その歌詞の中に「この世で一番肝心なのは、ステキなタイミング」という部分があります。学生時代に耳にしたこの歌詞は、何事もタイミングが一番大切だということを朗らかにうたい上げているのですが、弁護士の仕事をしていると、タイミングほど重要なものはない、ということをつくづくと感じます。常に解決を迫られる紛争・裁判では、的確な状況判断の下相手方と裁判官を説得し、合意を形成していくことが弁護士の使命です。機を見るに敏でなければならず、まさに「素敵なタイミング」を忘れては弁護活動はできないのです。

◉タイミングとは何か

弁護士が相手を説得するには、論理だけでは足りず、効果をより高めるためには相手方に何らかの勝利感を与えることが肝要です。たとえささやかであっても勝利感の付与は、紛争等を有利な解決に向けて大きく前進させます。交渉ごとも紛争解決も、このことを意識して臨むことが合意形成への一番の近道であり、確実を期する手法です。つまり、優れた弁護士というのは、相手に勝利感を与えるタイミングが極めて巧みだということです。小さな譲歩でもタイミング次第で大きな譲歩と位置づけることができ、それは技術と資質を備えた弁護士の腕にかかっているのです。

この場合の巧みさとは、その場の空気を察知しその中で的確に相手に切り込むことです。相手に「参った」という気分を与えながらも、同時に一定の安堵の念を与えるという難しい作業が、素敵なタイミングとなるのです。終始対決姿勢で、結果相手を切り刻んでしまっては恨みを残してしまい、本当の意味での問題解決にはなりません。これは裁判以上に和解のプロセスにおいて重要なことです。

機を見るには自分自身と依頼者の状況判断をしなければならないのですが、素敵なタイミングたるためには、さらに相手と相手の弁護士の心理状態をも把握しなければなりません。五感を働かせ、空気を即座にまた鋭敏にとらえる力が必要です。素敵なタイミングかどうかは、それが仮に相手を怒らせるものであっても、効果的でかつ将来的に実になる見通しがあるかどうかです。

弁護士と依頼者は、相性の問題もありますし、また、熱心な意見交換の末に関係がしっくりいかなくなり、仲違いすることがあります。しっくりいっていないと、弁護士と依頼者との間に冷ややかな雰囲気がただよい、極端な場合には言い争いが起こります。これは相手方にも当方にも言えることです。

交渉においては、相手方の弁護士と依頼者の関係がうまくいっているかどうかについてもうまく感じとって、機会をとらえて相手方の虚を突く戦術も有用です。たとえば、双方の話し合いの場で、相手方本人の思いの本質は、請求金額を譲らない弁護士の主張とは異なり、一定の金額でよいので紛争を早く終結させることにあると感じとり、それが当方の利益にも合致するのであれば、相手方本人に強く共感を示すのです。そして当方は、決して虚を突かれないような態勢で臨まなければなりません。

弁護士には、相手を怒らせないことに腐心する者もいれば、逆に相手を興奮させてばかりの者もいて、いずれも問題解決にはつながりません。問題解決とは相手の心に響く言動をし、納得せしめる状況を構築することです。小さな合意点を確認する手続が、対決している当事者間での問題解決を促進する大切な事項です。相手方たる代理人弁護士と依頼者に対し、どのような言葉を発すればよいかを臨機応変に見極めることが、タイミングの良し悪しを決めます。

裁判では、相手方ばかりでなく裁判官との間にも素敵なタイミングが求められます。刑事事件では検察官に対しても同様です。タイミングを踏まえた言動こそが、問題解決に至る近道であると常に意識して努力を怠らず、反省と試行錯誤を繰り返すことで初めて、弁護士は絶妙のタイミングを体得できるのです。

13

【反対尋問に関する新説】

傍聴人に聞いてもらえる反対尋問こそ価値がある

◉証人尋問は無駄な時間か

私は、反対尋問の名人と評されたことがありますが、何も名人だったわけではなく、あらゆるケースを想定し、入念な準備を繰り返したまでのことなのです。

民事事件は書面のやりとりが中心となりますから、私が弁護士になった頃、民事事件の一種である労働事件についても、証人尋問はさほど重視されていなかったと思います。私は、裁判官の心証形成を念頭に、証人尋問、反対尋問の時間をいかに意味のある時間に変え、当方に有利な結論に導くかを考えたのです。

◉ひらめき——証人尋問は波瀾万丈

あるとき、この証人尋問が意味のある時間になるときとは、裁判官のみならず、それを見ている傍聴人に関心をもって聞いてもらえるときではないかとひらめきました。傍聴人が関心をもって聞く、ハラハラしながら聞くとはどういうときか。それは、尋問によって、矛盾点があぶり出されるときではないでしょうか。矛盾点が露呈し、さぁ証人はどうするのか、弁護士はどうするのか、と。テレビなどで、登場人物の過去の人生を描くときによく「波瀾万丈」という表現を使いますが、証人尋問がその波瀾万丈だったら、傍聴人にも関心をもってもらえるでしょう。

◉どうしたらよいか——執拗なまでに準備を繰り返す

そこで私は、反対尋問で、相手方がどのように答えるかわからない中で、追い詰めて真実を発見するという尋問を、丁寧に執拗に繰り返すことにしたのです。執拗に繰り返すといっても、同じ質問では意味がありません。傍聴人にもあきれられることでしょう。同じ点を取り上げながらも、違った角度から、あるいは形を変えていろいろな質問を繰り返して、その答弁に差異を発見し、その矛盾点を突いていきます。

証人尋問の時間は限られています。したがって、いかにして短時間で即座に矛盾点を発見し、論破するかという技法を磨きました。追い詰められた証人が、矛盾点を突く私の質問に答えられずに泣いてしまったこともあります。

私がふだんから当意即妙・アドリブを得意にしており、証人尋問でもその場の流れに応じた展開を重視していたとはいえ、その場ですべての質問を思いついたわけではありません。裁判官のみならず傍聴人に聞いてもらえる反対尋問を成功させるためには、すさまじい準備が必要なのは言うまでもないことです。相手方の主張である準備書面をすべて読み込み、相手方の証拠をすべて読みとったうえで、証人がどう答えるかをいつも考えています。一つの質問に対して、二通り、三通りの想定問答を作成して頭にたたき込み、次なる質問をいかにすべきか考えて……、と何重もの準備をしたうえで反対尋問に臨むのです。

こうした準備があったからこそ、こちらの主張は崩れることはなく、ときに相手方の主張が崩れることができてきます。その相手方の主張が崩れる瞬間をいかに巧みに多くつくり上げるかが決定的に重要であり、それには反対尋問が一番効果的だったわけです。

ゴールドマンサックス日本法人の社長の持田昌典さんが『勝つための準備』（ラグビー元日本代表ヘッドコーチのエディー・ジョーンズ氏との共著）という書籍の中で、「自信の中身は執拗に繰り返された準備」というように述べていますが、裁判も、事前の徹底的な準備なくして勝つことはできません。

14

【訴訟における信頼関係に関する新説】

裁判官の共感・信頼を得るべく努めることが依頼者との信頼関係を強化する

◉訴訟において依頼者の信頼を得るには

力を尽くしたにもかかわらず敗訴することは、弁護士なら誰もが経験することです。その場合、控訴審の代理人を依頼されるか否かで、弁護士は、依頼者からの信頼の有無が厳しく突きつけられることになります。

依頼者から信頼を得ることは、訴訟活動においても要となるものですから、依頼者との信頼関係の維持・強化は、弁護士にとっての最重要課題と言っても過言ではありません。

◉ポイントは裁判官の共感・信頼を得ること

私が訴訟における重要な指針としてきたことは、自らがウソを言わないことに加えて、依頼者に決して偽証をさせないこと、そして裁判官の共感・信頼を得るように最大限努めるということです。

訴訟でウソをつかないということは、倫理観や一般常識からしても、社会正義の実現を目指すべき存在である弁護士にとって当然のことだと思われるかもしれませんが、平然とウソをついたり偽証を行ったりする弁護士あるいは当事者を実際に目にしてきました。

しかし、訴訟の指揮をとる百戦錬磨のプロフェッショナルである裁判官は、偽りを見抜く慧眼の士ですから、法廷ではウソは通用しません。これは、弁護士であれば誰しも痛感していると思います。

訴訟を当方に有利に進めるには、書面や証拠の内容、そして証人尋問の内容等が、裁判官の共感を得るものである必要があります。

書面や証拠において私が特に重視してきたのは、当方の主張の裏付けとなる適切な数値を効果的に書き込むことです。

たとえば、リストラ、普通解雇、降格、賃金ダウン等の正当性を主張するのであれば、当方の経営状態においてリストラを行う意義を示す数値や、普通解雇や降格等の対象となる従業員が責を負うべき事実関係を数値も用いて手際よく表現します。一般に、裁判官は、事実関係を客観的に示す材料の一つである数値を尊重する姿勢をとります。

裁判官の共感を得ているかどうか端的にわかるのは、裁判官がうなずきながら当方の話を聞いてくれているかどうかということです。

能力の高い実績ある弁護士の主張については、よりしっかりと聞こうという心構えになるという裁判官の話を仄聞したこともあります。

訴訟において裁判官との間にきちんとした信頼関係が構築されれば、相手方によりこれが破壊されることはまずありません。

◉敗訴したならば

このように、弁護士は勝訴に向けて文字どおり全身全霊をかけて力を尽くすものですが、残念ながら努力が報われずに敗訴することももちろんあります。

弁護士としては、一審で敗訴した場合に依頼者にどのように説明して対応すべきであるか、あらかじめ考えておく必要があります。

私の場合は、勝訴の可能性がありながら敗訴したときには、率直に依頼者にお詫びしたうえで訴訟代理人としての辞意を表明し、再任するかどうかの選択を依頼者本人にお任せすることにしています。

しかし、ありがたいことに、これまでの経験ではほとんどの場合、控訴審も引き続き代理人を依頼していただいています。これは結局、それまでの訴訟活動での当方取組み方や姿勢を通して、依頼者と代理人との間に信頼関係が構築されていたからにほかなりません。

弁護士が訴訟において好結果を積み重ねるためには、裁判官との信頼関係、そして依頼者との信頼関係をいかに築いてゆくのか、真摯に考えるしかないのです。

15

【弁護士の職務に関する新説】

弁護士は人を幸せにするために生きている
——それを理解することがひとかどの弁護士になる一歩

◉新人弁護士からの直球の質問

優秀な弁護士、ひとかどの弁護士になるにはどうしたよいでしょうか、と新人弁護士から聞かれることがしばしばあります。弁護士も厳しい競争にさらされていることもあり、最近の若い人はこのような直球の質問をする人が増え、それは私自身にとっても大いに刺激になります。

◉優秀な弁護士とは何か考えてみる

優秀な弁護士といえるためには、論理的に考えるならば、弁護士がその職務を全うしている、社会が弁護士という特別な資格を与えるのに十分に応えて仕事をしていることが必要です。

弁護士の職務とは何でしょうか。法律に詳しい、というのは当たり前のことですし、裁判官や研究者も皆詳しいのです。やはり弁護士は、依頼者のために尽くす、このことが職務の核心であると思います。そして、自分が弁護士として依頼者のために尽くすべく、業務に誠心誠意取り組んでいることを依頼者自身にも納得してもらわなければいけません。そうでなければ、解決に至らないからです。

◉ひとかどの弁護士になるためには

したがって、優秀な弁護士になるための第一歩は、人間学を学ぶことです。人間学とは、「人間の存在と本質を明らかにしようとする学問」（広辞苑〔第七版〕）ですが、それは「いかにして幸せになるか」を学ぶことです。

しかし、人生を生きていくうえにおいて、いろいろな葛藤、人間関係のひずみにぶつかり、これを克服していくにはどうするか、いかに幸せになるか、心の落ち着きを得るか、平和になるか――こうしたことを独学するのは、あまりに短い人生の中では、まず不可能です。

そこで、こうした問題をテーマにたくさんの作家、小説家が書いている作品の中から自分なりにくみ取り、作中の人物の人生を経験することが必要なのです。もちろん自分に気の合う、マッチングする作家の作品を読むのがよいのですが、そうした作家にめぐり合うには、まず多数の作家の多くの作品を読まなければなりません。そうすることで「座右の書」を見つけることができるのです。それが弁護士の人生のバックボーンとなり得ます。これは、弁護士の支柱、核心部分です。

私は、洋の東西、ジャンル、内容の硬軟等を問わず、関心を持ったありとあらゆる分野の本を読んできています。その中で、最も大切に思う本をあえて挙げるとすれば、少年時代に読んだ『次郎物語』（下村湖人著）と、この十数年間にわたり読み続けている藤沢周平氏の作品群です。

いずれも、達文であるばかりでなく、生きるとは何かという根源的な問いを考えずにはいられない内容です。私は、両作家の原点に接したいという思いを抱き、佐賀県神埼市にある下村湖人の生家、山形県鶴岡市にある藤沢周平記念館を訪れました。この訪問により、それぞれの作家の作品への愛着が一層深まったことは言うまでもありません。

◉視野を広げる工夫

そしてもう一つは、専門馬鹿になってはならないということです。専門馬鹿とは、「ある専門分野には精通しているが、それ以外のことを何も知らないこと。また、その人」（広辞苑〔第七版〕）のことで、要するに視野が狭いということです。人間に幅（余裕）がないと言ってもよいかもしれません。

そうならないためには、法律以外にも、少なくとも二つくらいの趣味を持つことが必要です。私の場合、一つ目の趣味は、何と言っても絵を観ることです。私の絵の見方は、邪道と言われるかもしれませんが、展覧会や画廊に行ったときに、もしこの中の1枚をプレゼントしてもらえるとしたら、どの絵がいいかなという視点で、自分の好きな絵を楽しみながら探します。漠然と会場をめぐるよりも、自分の感性を研ぎ澄ませながら行う鑑賞は、有意義な時間となります。

二番目は何かと言うと、日本古代史です。日本古代史の舞台を訪ねて、かつてはいろいろなところへ行きました。最後には、「ホツマツタヱ」を研究している池田満先生のお話をうかがうべく三重県津市へも行きました。この二つの趣味については書くことはたくさんありますが、ここでは割愛します。いずれせよ、こうした趣味を持つことが自分の視野を広げることにつながるのです。

同じことは仕事である法律の分野でも言えることです。私の専門は人事・労務分野でしたが、その中でも最初に大きな仕事をして私の財産となったのは団体交渉でした。次に取り組んだのがメンタルヘルスの問題です。この問題は、今でもなお関心を持ち、かつ書き続けています。三番目はリストラです。これについては他の箇所でも触れていますが、自分なりの論理を発見し、新説を発表してきました。

このように人間学の探究をバックボーンとして、趣味や複数分野の専門性を持つことが、現在においてひとかどの弁護士になる第一歩と考えています。

16 【弁護士の専門分野に関する新説】「専門分野」だけでなく複数の「得意分野」を持たなければ暗い時代は乗り切れない

本章15では、専門馬鹿になってはならないということを述べました。しかし、専門分野のあることは弁護士にとって当然であり、依頼者からみても、その弁護士が自分の事件を取り扱っているのか、どの程度専門に取り組んでいるのかは、弁護士を選ぶ際の第一のポイントであることは間違いのないところです。弁護士にとっての取扱分野、専門分野をどのように考えたらよいのか、考えてみます。

◉人口減少時代の弁護士——暗い時代の到来

弁護士人口が増える一方で日本全体の人口が減少し市場も縮小していく中で、弁護士は、猛然と勉強して進化しなければ、頭角を現すことができないばかりか、淘汰されてしまいます。

日本弁護士連合会によれば、日本国内の弁護士数は、2018年1月に初めて4万人を超え、同年6月1日現在で4万65人となっています。この数は、1950年：5827人の約6・9倍であり、2000年：1万7126人と比べても、約2・3倍という大幅増です。

一方、日本の総人口は、1950年には8320万人でしたが、2008年に1億2808

万４０００人でピークを迎え、２０１１年以降は７年連続で減少し、２０１７年10月１日現在で１億２６７０万６０００人となっています。総人口が減り市場が縮小しているのに、弁護士数は増加し続けているという需給バランスを失した状況なのです。

事件数をみても、最高裁判所の資料（１９８９年の平成元年以降）によれば、全裁判所が受理した全事件の件数（民事・行政事件および家事事件は件数、刑事事件および少年事件は人員数）は、２００３年の約６１２万件（人）をピークにほぼ減少し続けて２０１６年には約３５８万件となりました。内訳は、民事・行政事件はピーク時（２０１３年）の約３５２万件が約１４７万件になり、刑事事件はほぼ一貫して減少し続け、２０１３年に約１６４万人であったものが、２０１６年には１００万人を下回りました。そうした傾向の中でも、家事事件は増加傾向にあり２０１６年に１００万件を超え、労働関係の民事通常訴訟および労働審判事件も増加傾向を維持していることには留意すべきです。

◉「専門分野」だけでなく複数の「得意分野」を

私は第一東京弁護士会労働法制委員会基礎研究部会から依頼を受け、２０１６年12月に若手弁護士の皆さんにお話をする機会を得ました。そのときに、私が強調したのは、弁護士は評論家であってはならないということと、労働法を専門としている弁護士であっても、今後は、労働法の分野以外に得意分野を持つことが極めて重要になってくるということです。前述の状況下にある弁護士間の競争に勝ちぬくためには、最低条件として、自らの「専門分野」のほかに「得意分野」を二つ～三つ身に付ける必要があります。

現に、新しい司法試験制度に移行してからは、医師の資格、歯科医師の資格、薬剤師の資格、一級建築士の資格など、ほかの難関資格を有した弁護士が登場しています。また、今後は、AI、ビッグデータ、ロボット等の最先端の科学技術や、仮想通貨、ブロックチェーン技術等の未来型の金融の理論等々を分野得意とする弁護士が求められることも必定です。こうした新しい分野は、まさに新説の宝庫とも言えます。

そして、副業やパラレルキャリアという考え方が浸透してきている現在は、専門分野を深めると同時にほかに得意分野を持つという姿勢は、弁護士などの士業に限らずあらゆる職業に就く人にとって重要な発想です。

17 考えぬくことができない専門職はAIに取って代わられる

【専門的職業人に関する新説】

◉「反知性主義」という言葉に接して

最近「反知性主義」という言葉をよく耳にします。アメリカのトランプ大統領誕生もこの反知性主義の台頭によるとも言われています。もっとも、日本のマスメディアで取り上げられ議論される際は、知性を振りかざして行動の伴わない人々を揶揄しているようです。

しかし、私はこの言葉に接したときに、強烈な違和感を覚えました。

◉自分の違和感の実体に気づく

その後、「AIの発達により弁護士の仕事も代替されるようになるか」と問われたことがあり、私は「情報処理能力では凌駕されていくが、AIは考えぬくことができない。その意味で弁護士の仕事をAIが完全に行うことはできない」と答えました。この瞬間、前記の反知性主義に対する違和感の実体に気づきました。

それは、考えぬいた末に得られる知性を身に付けることは人間にとって極めて重要な所為であるはずではないか、その「考えぬく」ということは人間にのみできることではないか、ということです。

では、考えぬくとはどういうことを言うのでしょうか。一般的には考えぬいて知性を獲得するには次のようなプロセスを経るように思います。

知性の第一ステージは、徹底的な準備と調査に始まります。方向性を定め、物事を客観的に証明し実証するための裏付け資料を収集する。多くの書物や資料にあたるだけでなく、各方面の賢者たちに教えを乞い、その知見を素直に学ぶことにより、多様な角度から考えをめぐらせることが可能になります。

第二ステージでは、自分の考えを文章化し、一つのテーマについて考えぬいて論考をまとめます。文章にすることで思考が固まり、次なる発想の土台となるのです。本質に迫る努力が肝要であり、大義名分、想定問答、さらには討論技術をも念頭に置かなければなりません。このような、反論内容も考えぬいて、考え方・思い方・感じ方を統一し、強固にする過程は、まさに知性の塊でしょう。

第三ステージでは、身に付けた知恵・知性を常に見直し、スピード感と時代の流れを意識した自己革新を重ね続けることです。

これがプロセスによって考えぬくことを旨とする知性主義であり、これができない専門職はＡＩに取って代わられることになります。

◉別の観点からも検討する

しかし、この知性主義には欠陥もあります。一つは思考を重視するあまり、大胆さを失い慎重になりすぎることです。もう一つは考えぬくことに没頭しすぎて脳に緊張の連続を強いて疲労させると、メンタルヘルスに不調を来すおそれがあることです。つまり、健全な知性には、適度な休憩・休日・休暇といった休養をとり、リフレッシュすることが必要ということです。このバランスをとる配慮が、知性主義には求められています。

◉ＡＩに取って代わられる職業

ＡＩに取って代わられる職業は何かということが、社会的に大きな話題になっています。一方、「餅は餅屋」の言葉どおり、物事にはそれぞれ専門家がいて、素人はその技量にかなわないものです。まして、知の時代ともいえる現代は、科学技術が飛躍的に高度化し、ＩＴは利便性の向上と同時に複雑化し、経済・文化・技術等のグローバル化が急展開しています。国や民間企業での施策の立案・実行の場面でも科学的知見と根拠が必要となり、求められる専門知識の量も質も格段に高まっています。ここにこそ、現代における専門職の重要性を再認識すべきゆえんがあります。

したがって、真の専門職は社会に必要とされるということです。その一つの答えが、「考えぬく」専門職です。

弁護士であっても、前例や過去の裁判例にばかり気をとられて、新しい概念を生み出すチャレンジもせず、一種の思考停止に陥ってしまい考えぬく努力を怠る者は、真っ先にＡＩやロボットに取って代わられるでしょう。

18

【弁護士の価値に関する新説】

新しいことにチャレンジしない弁護士は、特に変化の早い時代には役に立たない

◉労働契約における不思議

労働契約は契約とは言うものの、基本的には労働法＝労働者保護法であって、使用者の義務や禁止規定が主な内容になります。なぜなら、使用者は権力を持つ存在であるがゆえに労働者の義務を強調しがちになるという傾向を、抑える必要性があるからです。通常の債権契約であれば同程度とされる双方の当事者の義務も、労働契約では異なるものとなります。

そのような中で私は、労働者の促進義務と、使用者の育成義務を提唱してきました。これは広くは契約における当事者の誠実義務といえます。通常の債権契約であれば、契約の実現に向けて当事者が互いに誠実義務を負うのは当然の内容とされています。それは民法にも「権利の行使及び義務の履行は、信義に従い誠実に行わなければならない」（1条2項。傍点筆者）として示されています。

日本の労働法においても、誠実義務はようやく当たり前になってきました。少しずつ進歩しているということです。

この誠実義務を労働者に当てはめたものが促進義務です。企業は利益を追求するために組織されています。企業が事務所を設けたり、工場用地を購入したり、機材や原材料を購入するのはすべて利益を上げるためです。企業が労働者を雇用するのも、当然利益を上げるためです。つまり、労働契約の目的の根本は、企業が利益を上げるために必要な労働力を集めて組織することです。したがって、その相手方たる労働者はその契約の目的である企業の利益を促進する義務を負うことになるのです。

一方、この促進義務に対応する概念としてあるのが、企業の育成義務です。委託や請負という契約形態ではなく、労働契約という形態で利益を上げるには、相手方たる労働者が能力を向上させて企業の利益に貢献できるように、企業側が対応しなければならないのは当然のことです。労働者は人間としてその能力を伸ばし人生を楽しむ権利があります。その労働者を雇用する以上、企業は、労働者が能力を伸ばせるよう育成する義務を負うことになるのです（これは第2章で取り上げるキャリア権とも関係します）。

この二つの義務は、対になって、労働契約の目的実現に資すると言えます。

◉新説を展開できるのは能力の証

このような促進義務や育成義務を持ち出すと、今までに主張されていない、裁判例がないと、とまどい、躊躇する弁護士がいます。しかし、それは弁護士の役割を忘れていると言わざるを得ません。弁護士の技術向上は「尽くすべきは尽くす」にあると述べました（本章⑩）。既存の議論だけにとらわれず、柔軟な発想で新説をも探究しながら、依頼者のために尽くすことこそが弁護士のあるべき姿です。

特に、労働審判において審判員を納得させるのは、「前例によれば」という議論ではなく、現在の労働関係においてその考えが適切かどうかにかかっているといってよいと思います。使用者側弁護士としては、前記のような労働者の促進義務の意義を語ってこそ、既存の議論を展開する相手側の主張を論破し得ると自覚すべきです。

19

【研究者との交流に関する新説】

研究者との交流は、法の思索の発展に寄与できる源泉である

◉実務家である弁護士の限界

実務家である弁護士は、目の前の案件の処理で手いっぱいです。依頼者に尽くそう、主張を確実に立証できるように準備を尽くそうと思えば思うほど、時間はなくなります。そして実務家の悪いところは、現実的な解決策を模索するために、とかく判例や実例などの過去という現実だけを見つめて対応しがちになるというところです。

◉どうすればよいか

その点、研究者はそもそも自らの見解、体系をもって身を立てる職業ですから、視野が広く、根本的に未来志向です。ある意味で実務家とは正反対とも言えます。しかも、研究者は単に未来志向なのではなく、過去という現実を踏まえ、さらに諸外国の実情をも踏まえるという、三次元、四次元の空間に生きていると言えるでしょう。

そのような研究者と交流することには、さまざまなメリットがあります。まず、自分より深い理解をする人とお付き合いをするわけですから、自分の理解の浅さが一層実感できることで

す。それは、勉強の継続ということにつながります。実務での疑問への取組みが継続し、考え続けることで思索が濃厚になります。

このことは、新説を生み出すにおいて不可欠なことと言ってよいのです。「ふと思いついた」とか「ふと考えついた」ということではなく、自分自身の考え方の弱点を見出して、それを克服する努力を強いられるということが、研究者とのお付き合いの中で可能になります。

これは弁護士として新説を出す、あるいは少し大げさに言えば法の思索の発展に寄与する源泉になりうるものなのです。

また、**未来志向の研究者はとかく新説を出すことによって存在意義を示そうとします。そうすると、その研究者と実務家である弁護士がお付き合いすることによって、過去と未来が合体した新説が生まれるのです。**私は、リストラの際に労使協議をすべきだという論理について、それは、使用者には労働者を説得する義務がある、そのうえで使用者は労働者の代表である労働組合と協議すべきだという論理が生まれるということを新説として書きました。これを採用してくださった研究者もいると思われます。まさに、現場に生きる実務家の意見と未来志向の研究者の体系とが、合体した例と言えるでしょう。

◉研究者との人脈のつくり方

実務家が研究者との人脈をつくるには、実務家である者が研究者に教えを乞うという姿勢が必要です。実務家が研究者に教えるということはどだい不可能なことで、せいぜい過去の事例的な情報を提供することができるだけです。研究者が過去・現在を踏まえた未来志向で対応しているのに対し、実務家は過去という現実だけを見つめて対応している以上、未来志向である研究者に実務家が教えを乞うことが必要です。そうした謙虚な姿勢があってお互いの信頼関係が育まれ、次第に人脈ができていきます。

次に勉強会を開催します。それはなぜかと言うと、意見を闘わせる場をつくるということです。研究者にとっては片鱗の意見であっても、弁護士等の実務家にとってはハッとさせられることが数々あります。研究者は現実を踏まえながらも未来志向ですから、その未来志向の中にハッとする着想があることに実務家は気づかなければいけません。

そして研究者も、現実を踏まえて未来志向の（＝新説を出そうとしている）弁護士もいるということを念頭に置いて、対処していただくことが必要です。そこに、双方にとっての勉強会の意義があるのです。

なお、いささか面映ゆくも感じますが、過去の拙著の出版にあたり「推薦の辞」等をお書きくださった労働法の著名な先生方のお言葉を、抜粋のうえご紹介します（肩書は当時）。

◎『労働法理を活かす　実学労務管理』（第一法規出版株式会社、1982年刊）への石川吉右衛門先生による「推薦の辞」より抜粋

（…略…）

今まで、お書きになったものは、前著「労使関係の原理と展望」を初めとして、多く拝見していたが、本書に接してみて、改めて、「高井さんには哲学があるな」という感を深くした。それは何か、と私なりに考えると、「企業と労働者とは共存しなければならない。そのためには、特に企業は、労働者への愛を有たなければならない」ということのように思えるが、実は、言葉に移すとこのようにしか言えないが、それには大変な重みがある。同じことを言っても、言う人によって、千鈞の重みを持つものと、吹けば飛ぶようなものもある。（以下、略）

昭和五七年一〇月二五日

東京大学名誉教授　中央労働委員会公益委員

石　川　吉右衛門

〔注〕 その後、石川吉右衛門先生は、中央労働委員会会長などを経られ、2005年にお

亡くなりになりました。

◎『人事権の法的展開』（有斐閣、１９８７年刊）への
菅野和夫先生による「序文」より抜粋

（…略…）

高井弁護士の本書は、企業の人事権の内容を総合的に明らかにする実務書であるのみならず、従来の労働法学におけるオーソドックスな契約法理論にするどい反論を行なう理論書でもある。すなわち本書は、運命共同体とも意識されるわが国企業・従業員間の強い人的結合関係と、そこにおける集団主義的人事管理とを、そのまま労働法の世界において理論化することに努めている。労働契約は労働力売買の債権契約にとどまらず企業組織における構成員たる地位、すなわち従業員たる身分を取得する契約であり、むしろ後者の側面を主要な内容とする。そこから従業員が企業組織の権力に服し、それに対し忠実義務を負うという関係や、企業が従業員に対しその身分を存続させるべく努力する配慮義務が生まれる。就業規則の法規範性、使用者の懲戒権・業務命令権などはこのような法的構成によってのみ適切に説明できるものである。以上

のような高井理論は、従来の契約法的労働法理論に企業組織の実態との乖離を感じていたはずの企業人にとっては、日本的雇用管理の実相にぴったりと合致した理論として歓迎されるであろう。まさに隔靴掻痒のもどかしさを取り除く爽快な理論と感じられるはずである。（以下、略）

一九八七年二月

東京大学教授　菅　野　和　夫

〔注〕菅野和夫先生は、東京大学教授を退官されたのち、中央労働委員会会長などを経られ、現在のお肩書は、東京大学名誉教授です。

◎『人事労務の新潮流』（労働新聞社、２００７年刊）への諏訪康雄先生による「推薦の言葉」より抜粋

法政大学教授　諏訪　康雄

（…略…）

そこで本書であるが、著作の人としての高井氏が「人事労務」について著述された

近刊である。専門紙である『労働新聞』に掲載した随想風の連載を基礎に、手を入れ、まとめられてある。近年の雇用変化の潮流と議論を自家薬籠中のものとし、「髙井ワールド」ともいってもよい、独自の味付けが施された言説に仕上げておられる（キャリア権のような、これまで経営側が正面切って取り上げたがらなかった議論まで入っている）。

それだけに、著者の主張には、共感を覚える場面だけでなく、違和感を抱いたり、異論を唱えたくなる部分もあることだろう。立場により読者がさまざまに読みとれるのは、長年の実務経験に裏打ちされたものの見方、将来予測などを大胆に展開するからである。（以下、略）

〔注〕 諏訪康雄先生は、法政大学教授を退官されたのち、中央労働委員会会長などを経られ、現在のお肩書は、法政大学名誉教授、認定NPO法人キャリア権推進ネットワーク理事長などです。

第2章

弁護士の情報戦略

【労働紛争の解決に関する新説】

20 人事・労務は競争的解決と協調的解決の統合を目指さなければならない

◉日本が直面している課題

10年後の日本を予測して確実に言えることは、現在の大阪市と京都市の人口合計を超える455万人も人口が減少し（国立社会保障・人口問題研究所「日本の将来推計人口（平成29年推計）」）、その後も回復の見込みなく減少を続け、各方面で極めて深刻な人材難に陥っているということです。そして、これに追い打ちをかけるように、日本社会の将来を見限って、米国等の世界的に通用する大学への入学を目指し、高校生の頃から海外に留学してしまう優秀な若者も増えています。いわば、優秀人材流出の前倒し現象です。

こうした状況は以前から指摘されていました。いわゆる生産年齢人口（15歳以上65歳未満）は1995年の国勢調査をピークとしてその後は減少局面に入っていましたし、総人口でも、その減少元年は2008年（平成20年）と言われています（総務省統計局「統計 Today No.9」）。

私が、海外市場の重要性を念頭に、数年の準備期間を経て上海にも事務所を開設したのが1999年でした。そして、刊行物の執筆において少子高齢化、総人口減少、そして日本市場の縮小の問題を明確に指摘して、「成長」の意味をとらえ直したうえで人事・労務問題を考えようと書き始めたのは2003年頃でしたから、弁護士としてはかなり早い時期から日本の人口減少問題を強く意識していたほうだと思います。内閣府が初めての「少子化対策に関する特別世論調査」を発表したのは2004年10月でしたが、それは合計特殊出生率が過去最低となり、いわゆる「1・57ショック」と言われた1990年から14年も経ってからのことです。

◉労働法理にコペルニクス的転換を

こうした状況に直面して、労働法理はどこを目指していくべきなのでしょうか。第二次大戦後の混乱から高度成長期を経て、バブル崩壊、長期不況と続く中でも、日本の人口は増え続けていました。

そうすると、今までの労働法理はこれを前提にしていたのではないか。今までとはまったく反対に、人口減少が今後も続くことが予測される中、労働法理にコペルニクス的転換が必要なのではないか、というのが私のひらめきでした。

◉ひらめきを新説につなげる

この問題に取り組むうちに、労働法理が今の社会をどういう時代としてとらえるべきなのかを考えるようになりました。人口の減少、そしてITの進展（現在ではAIの進化）を目の当たりにするとき、今の時代は「人材競争の時代」であって、各企業はグローバル規模で優秀人材の争奪戦を繰り広げているという点に着目しました。

このようなグローバルで激しい競争がなされている社会について、私なりにじっくりと考えた結果、日本は、組織と個人の両方を強くする方法論を築き上げなければ、国全体が衰退してしまうという危機感を抱き、今後の労働法理は「使用者の組織法的な視点の肯定」（協調的解決）と「個々の労働者の能力と意欲と成果に応じたキャリア権の認知」（競争的解決）という両方の価値観を尊重することによって、コペルニクス的転換を遂げなければならないという考えに至りました。つまり、組織の調和や秩序や規律を尊重することによって組織や個にもたらされる利点と、個々人が切磋琢磨しながら厳しい競争により能力を高めることで個としての利益を享受し、組織の業績にも寄与するという側面をいずれも認め、「組織」も「個」も伸ばし合うための法制度が必要なのです。

人材競争の時代とは、労働者個々人の能力が問われる時代です。それはまずは成果主義につながります。個別労働管理が主流になるということです。

しかし、そうして働き方の多様化が一層進めば、個々の労働契約だけでは割り切れないケースも出てくるでしょう。さらには、グローバル社会においては、企業活動は人類および地球の将来に資するものでなければならないという要請がますます強くなってきます。そうした中で、企業の盛衰を決めるものは何でしょうか。

個別労働管理である成果主義を前提としたうえで、あらためて集団主義の意義を認め、連帯してチームワークで仕事をするという利点が見直されることになります。「個人主義・成果主義」と「集団主義によるチームワーク作業」とをいかにして適切なバランスで融合させて成果を挙げていくかが、今、企業に問われており、それを支える労働法理が求められているのです。すなわち、競争的解決と協調的解決の統合です。

これを労働法に即して言えば、協調的解決とは組織法的な視点であり、競争的解決とは労働者のキャリア権の確立です。組織法的な視点は、たとえば国労札幌支部最高裁判決（昭和54年10月30日）によってもすでに認められているところです。

これに対しキャリア権は、諏訪康雄法政大学名誉教授が20世紀の終わり頃に提唱されたもので、働く人々が自分なりに職業生活を準備、開始、展開、収束させる一連の過程で、できる限り自己決定が可能となるよう保障しようという概念です。職業キャリアこそが資産であるという観点に立脚し、従来の雇用関係のあらゆる局面を解釈し直す画期的なものといえます。法令上も、職業能力開発促進法に「職業生活設計」が明記されるなど、行政もキャリアの重要性を念頭に置いていると言えます。

こうした協調的解決と競争的解決とを統合していくことが、これからの人事・労務の課題なのです。

【個人主義・集団主義に関する新説】

21 個人主義を理解できないと世界の中で孤立し、国としての生産性が下がるおそれがある

◉中国人との交流で知ったこと

中国に進出した日本人・日本企業が、「中国人は信用できない」、「騙された」、「裏切られた」とぼやいているのをよく耳にします。私は中国人が必ずしもそのような民族ではないことを日本人・日本企業に説き続けていますが、そもそも日本人がこのような認識を持つに至るのはなぜだろうか、と疑問が生じました。

そして、それは、日本人が、自分たちと中国人の民族性の根本的な違いを理解しないからであろうと考えるに至りました。

◉個人主義は世界標準

孫文（1866年～1925年）は、その中心的思想を語った講演録『三民主義』の中で「中国人はひとにぎりのバラバラな砂である」と論評しました。つまり、乾いた砂は決してくっつかず、石にも岩にもなり得ないということです。

大陸国家の中国は、古来より異民族との葛藤が絶えざる課題でした。王朝も絶えず変転し、

漢民族が異民族に支配される時代も多かったのです。モンゴル民族による元王朝や満州族による清王朝がその代表です。このような中国の地理的・歴史的プロセスから、漢民族は「国民」という概念を持ち得ず「人民」という概念を持つに至り、ここに個人主義となったゆえんがあるのです。中国人はこうした国民性ゆえに、権利の極大化と義務の縮小化を目指すことが一般的になっています。

一方、日本はどうかといえば、日本最初の憲法である聖徳太子の十七条憲法第1条には「和を以て貴《たつと》しと為す。忤《さから》うこと無きを宗とせよ（以和為貴。無忤為宗）」の一節があるように、島国である日本は、天皇制を軸に国に対する信頼と国民同士の結束を営々と強め、結果として集団主義が形成されてきました。

しかし、個人主義は何も中国人固有のものではありません。他民族の支配を受けやすい大陸国家、すなわちヨーロッパや、移民で結成されたアメリカもまた同様に個人主義です。このように、およそ世界の民族は、個人主義を旨としています。

島国であるがゆえに他民族からの支配を受けることなく、日本国土を脈々と支配続けてきた日本民族は、世界の中でも珍しく、それゆえ、その集団主義も世界では珍しいということになります。

◉契約の考え方に表れる個人主義

日本の契約書の中には必ずと言ってよいほど、「甲と乙は、信義に基づき誠実にこの契約を履行する。この契約に定めのない事項が生じたとき、又は、この契約各条項の解釈につき疑義の生じた時は、甲乙各誠意を以て協議し、解決する」との一条項を加えます。

集団主義ではこの条項は機能しますが、個人主義では意味をなしません。なぜなら、契約に定められたことを履行するのは当然のことですし、契約に定めのないことはそもそもする義務がありません。また、条項に疑義があれば自己に有利なように解釈するのが、個人主義の論理的帰結なのです。**個人主義は、法律的には、権利の拡大化と義務の極小化をすべての局面において大前提とします。結果として、契約書は詳細で、かつ多義的解釈を許さないものでなければならないことになるのです。**

集団主義である日本人が、世界の標準とも言うべきこのような個人主義を理解せず、また信用しないとなれば、日本は、世界の中で孤立してしまうおそれもあります。もし、日本が個人主義についての価値観を他国と共有できずに孤立し、良好な協力・協調関係を構築できないとなれば、ひいては日本全体の生産性が下がることにもなるでしょう。

個人においても、仕事への粘着力あるいは打ち込み力が希薄化していき、その成果が脆弱化するでしょう。現に、米国ギャラップ社が世界各国の企業を対象として行った従業員のエンゲージメント（仕事への熱意等）に関する調査では、日本は「熱意あふれる社員」の割合が6％しかおらず、調査した139か国中132位と最下位クラスであったといいます（2017年5月26日付け日本経済新聞電子版より）。にわかに信じられない結果ですが、この調査が実態を正しく表しているのであれば、日本の将来が非常に暗いという予兆であると言えます。

国内の集団主義が、世界の中での孤立を招くなら、日本の製品・サービスの競争力を失わせることにつながっていくのです。

22

【雇用契約の性質に関する新説】

在宅勤務の推進は雇用契約を請負契約化する

◉かけ声と異なる実態の在宅勤務

政府は一億総活躍社会の実現に向けた働き方改革の中で、テレワーク、在宅勤務を推奨し、女性労働を拡充すべく、厚生労働省や総務省も旗振り役となっています。実態としても、ICTの発展とともに、従業員に会社以外で働くことを認める企業は増加傾向にあるといいます（総務省「ICT利活用と社会的課題解決に関する調査研究」（2017年））。

トヨタ自動車が総合職・一般職とも対象にする在宅勤務制度を導入することや、日立製作所が10万人規模を対象とするテレワークの体制を2～3年以内に整備すること等が大きく報道されましたし、統計でも、全労働者数に占める週1回以上終日在宅就業する雇用型の在宅勤務をする人の割合が、直近の2016年度と17年度を比較すると、「7・7％→9・0％」と上昇し、またテレワークの認知度も「53・3％→62・6％」と上昇しました。また、雇用者で勤務先にテレワーク制度があると回答したのは「14・2％→16・2％」と上昇しました（企業規模別では、従業員数1000人以上では25・1％、従業員数100人未満では11・0％）。しかし、テレワーク制度の普及はまだ限定的である状況です。（国土交通省各年度「テレワーク人口実態調査」）。

このように、在宅勤務制度が実際にはまだ広まっていないのはなぜでしょうか。実はこの実態は政府もよく認識していると思われ、当初は、2020年までに週1日以上終日在宅で就業する雇用型在宅型テレワーカー数を、全労働者数の10％以上とすることを目標としていましたが、2017年5月に閣議決定（2018年6月変更決定）した「世界最先端デジタル国家創造宣言・官民データ活用推進基本計画」では、2020年までに、雇用者のうち、テレワーク制度等に基づく雇用型テレワーカーの割合を、2016年度比で倍増するという表現に改めました。

◉在宅勤務はなぜ広まらないか

在宅勤務が制度はできても広まらない理由を考えると、一つには労務管理等の実務上の難しさを指摘することができます。しかし、より根本的に法理的に考えていくと、組織体であることこそが企業の生命線であるという原則論に行き着くように思いました。

労働契約は、物の売り買い、物の貸し借りのような一般の債権契約と異なり、「人格的結合契約」の側面があることが特徴です。これを企業活動の側からみれば、多くの労働力を職場に集めて、互助と牽制・競争によって有機的な統一体・協働体を形成することによって初めて、企業は利益を生み出すことを意味します。

ヒトの集団においては、「統一ある刺激は、数少なくとも散漫な数多い刺激に勝る」という原理に基づく指導・教育・協働を実践しなければ、個人も組織も成長できないということを経営者も労働者も経験則的に知っているからこそ、在宅勤務制度の利用者がさほど増えていかないのではないでしょうか。在宅勤務でも生産性の高い働き方を実行できる自律・自立した能力の高い者は別として、私は安易な在宅勤務の導入には賛成できません。

◉在宅勤務を広めるには法理論の変革が必要

企業は、交通費等の諸経費を負担しても、ヒトを集めて組織と職場をつくって出勤義務を課し、座席の配置にも目配りし、さらに出勤常ならずを懲戒理由としてまで出勤を企業秩序の根本要素とし、職場において執務させてきました。働く者が組織・職場に行って仕事をするゆえんはここにあります。

在宅勤務では組織における互助と牽制と協働ができず、おのずと労働契約の人格的結合契約の側面も削がれていかざるを得ません。ですから、在宅勤務を現在の労働契約で規律しようとすること自体が理論的には難しいのです。すなわち、在宅勤務の場合の契約は、働く者への指揮命令関係や、人事・労務管理を前提とせず、働く者には仕事の完成・成果を求め、その対価としての報酬が支払われる請負契約的にならざるを得ないのです（民法６３２条「請負は、当事者の一方がある仕事を完成することを約し、相手方がその仕事の結果に対してその報酬を支払うことを約することによって、その効力を生ずる」）。私はこのことを10年ほど前より説いていますが、実際にも、2018年4月に発表された民間調査によると、日本における副業・兼業を含む業務委託で仕事をする広義のフリーランス人口は1119万人（日本の労働力人口の17％）で、この4年間で20％増えたといいます（ランサーズ株式会社「フリーランス実態調査2018年版」）。

請負契約化すれば、働く側は仕事の完成義務を負うと同時に、債務不履行の場合には損害賠償義務を負います。そうなれば、仕事を完成させることに集中し、また、損害を発生させないように一生懸命働き、結果として労働生産性も向上するでしょう。労働者が時間と場所に拘束されずに自由になるということは、その分、こうした危険もあわせて負担するということです。

したがって、政府が真剣に一億総活躍社会の実現を望むのであれば、単なるお題目を並べるだけでなく、労働に関する法制度そのものを根本的に見直す覚悟が必要です。

この点、企業と雇用契約を結ばずに業務委託契約等で働くフリーランスは法理論的に労働法による保護の対象とならないことから、彼ら彼女らの労働に関する分野に独占禁止法を適用して保護するための運用指針（「人材と競争政策に関する検討会報告書」）が、2018年2月に公正取引委員会より発表されたことは、はじめの一歩であると思いますが、今後次第にその保護の対象が増えるであろうと見通すことができると思います。したがって、その指針を一生懸命研究することが、労働法学者の大きな使命となるでしょう。

23

【労働組合に関する新説】

労働組合は感性的な存在であり、争議権こそ労働三権の大元である

◉団体交渉の現場で感じた疑問

私の専門である人事・労務の分野で、私が特に重点的に取り組んできたテーマは、団体交渉、メンタルヘルス、リストラが3本柱であることは、すでに述べました（第1章⓯）。このうち最初に取り組んだのは団体交渉ですが、私の新人弁護士時代であった1960年代は労働組合の争議活動が非常に盛んで、団体交渉、ストライキ、ピケ等、労使の激しい衝突の現場に常に身を置くことになりました。

最初は右も左もわからぬ状態でしたが、厳しい団体交渉の現場で身体を張り、机上の学問だけではわからない要素を発見して体得しました。現場でのさまざまな言動から自分も含むすべての関係者の人間性を見極め、人間のあるべき資質としての「真・善・美」「夢・愛・誠」等々、人間の有り様を見抜く眼力の重要性を肌で学びました。こうした経緯を通じ、苦しくとも労使の厳しい対立場面をびくつかずに乗り切り、成功体験を積み重ねて、団体交渉はいつしか私の得意分野になりました。

そうした修羅場とも言うべき経験の中で、労働組合とはいった何なのか、またいわゆる労働三権とはどういう構造になっているのか、ふつふつと疑問が湧いてきたのです。

◉ひらめきと検討

疑問を抱えつつ日々実務をこなす中でひらめいたのが、労働組合は感性的な存在であるということと、争議権こそが労働三権の大元であるということでした。これは、厳しい労使対決の実務経験と、勉強のために読んだ争議の歴史を扱った書籍の内容が合わさってひらめいたアイデアでした。

私の考えをごく簡単に述べると、そもそも労働条件が不満で労働者が働かなくなるということがあります。それが自然発生的に大衆行動になって展開したのが争議の始まりでした。争議が始まると、生産活動がストップすることから、それをいかにして円満に早期に解決するのかが課題となり、その解決への工夫の過程で、団結権、団体交渉権が生まれました。

要するに、団結権、団体交渉権は争議という事実行為をいかにして円満に終了させるかという手続から発生したということです。法理論的には、争議が法律上認知され争議権が肯定されたこと、それによって、団結権、団体交渉権が肯定されることになる、すなわち、争議権こそが労働三権の端緒だということです。

こうした理解を踏まえて、次に労働組合とは何なのかを考えてみると、労働者の集まりは、自然発生的な大衆行動である争議から生まれたのですから、労働組合は本質的に感性的な存在だということになります。争議が長引くということは、感性が活性化された状態が長く続くということです。

◉新説から導き出されること

こうして新説を組み立てたのですが、そこから、経営者側の対応も組み立てられます。労働組合の感性は集まった人間の感性である以上、活性化したものが継続するといっても限界があります。したがって、経営者が理性的に対応すれば、労働組合は結局は萎縮するのです。

しかし相手は感性的な存在ですから、理性に訴えても必ずしも成果は上がりません。経営者は理性的に対応しなければなりませんが、理性を核心において、オブラートとして感性が必要なのです。感性をオブラートとして理性を包み込むことによって、労働者大衆に訴える力が経営者に与えられます。このとき経営者は感性に頼らず、あくまでも理性をもとにした活動をし続けることが肝要です。

【キャリア権に関する新説(1)】

24 企業が短命になり人生100年時代の今キャリア権の法制化が必須

◉企業の短命化と人生100年時代

日本の企業の寿命は30年というかつての調査（「日経ビジネス」1998年9月29日号）や、日本の企業の生存率は、起業から5年後で約8割、10年後で7割、20年後で5割、米国、英国、ドイツの場合は、起業後5年の生存率はいずれも5割未満という統計があります（2011年、2017年の「中小企業白書」より）。

しかし、私の実感ではもっと厳しく、日本の場合、微粒子企業も入れれば起業後10年で3割残っていればよいほうだと思います。

一方、日本人の寿命は伸び続け、厚生労働省の「平成29年簡易生命表」によると女性は87・26歳、男性は81・09歳で、いずれも過去最高を更新しました。これは0歳のときの平均余命ですので、実際にはこれ以上に長生きする人がたくさんいます。人生100年時代といわれるゆえんです。

そうすると、企業は20年後にはおよそ半数が消えてしまうのに、人が働く期間はどんどん伸びていく時代ということですから、人が防衛本能から自らの職業の経歴、すなわちキャリアを大切にするようになるのは当然のことと言えましょう。

◉キャリア権の法制化は社会的要請

このキャリアを働く人の権利として認めたものが「キャリア権」であり、諏訪康雄法政大学名誉教授の提唱にかかるものであることは前述しました（本章⑳）。

さらに、ＡＩやロボットの進歩により、今後10～20年の間にＡＩ等に代替されてしまう仕事も多いという迫りくる現実から逃れられない今（ＡＩ研究者として世界的に著名なマイケル・Ａ・オズボーン氏によれば、創造的な仕事、芸術的な仕事、他者との協調が求められる仕事等はＡＩ等で代替しにくい一方、特別の知識やスキルが求められない仕事やデータ分析等の操作を伴う仕事はＡＩ等で代替できる可能性が高いという。たとえば、銀行の融資担当、スポーツの審判、不動産ブローカー、レストランの案内係、保険の審査担当、動物のブリーダー、電話オペレーター、給与・福利厚生担当、レジ係など）、自らのキャリアを意識して、誰しもがキャリアの充実に努めることになるのも当然のことでしょう。キャリアを社会全体で確保するということが、キャリア権の本質にあるのです。

こうした日本の状況を考えるならば、キャリア権の法制化は社会的要請であると考えられますが、その法制化にあたって留意しなければならないのは、企業の人事権との関係です。

企業は、ヒト・モノ・カネ・信用・情報・組織・規程・スクラップ＆ビルド・海外進出等、

さまざまな要素から成り立っています。使用者は、事業の効率的遂行のために労働の組織を編成し、その中に労働者を位置づけてその役割を定め、さらに労働者の能力・意欲・効率を高めて組織を活性化するためのさまざまな施策を行います。これが人事権の中心的内容であり、また、組織的労働の円滑な遂行のためには、組織体としての規律・秩序を設定し、それを維持する権限も必須となります（企業秩序定立権）。

人事権とは、最も広義には、労働者を企業組織の構成員として受け入れ、組織の中で活用し、組織から放逐する一切の権限を指し、より狭義には、一般に、採用、配置、異動、昇進、昇格、降格、休職、解雇などの労働者の地位や処遇に関する使用者の決定権限を指しています（菅野和夫『労働法〔第11版補正版〕』150頁等参照）。別の表現をすれば、人事権は、ヒトの集合体である組織を一定の秩序の下に効率よく機能させて一定の成果・収益を挙げることを目的とする事業運営・経営に、基本的に内在するものです。

キャリア権は、ヒト・労働者の個としての能力開発・生産性の向上を旨としますので、組織を前提とする人事権との相克如何という観点から、「キャリア権は人事権とどのような関係にあるのか」と、私に鋭く指摘されたのが、大島理森衆議院議長です。まだ議長に就任される前のことでしたが、私がキャリア権についてお話ししたところ、大島氏は即座にキャリア権と人事権との関係を問われました。

この点、労働の組織を前提とする人事権であっても、ヒト・労働者を対象とするものである以上、労働契約法をはじめとする各法律や、労働協約、就業規則、労働契約などによる規制も受けますので、絶対的なものではありませんし、一方で、組織・企業における組織的権利を認めざるを得ない以上、キャリア権の主張もまた、相対的なものにならざるを得ないのは当然であると言えます。

このような協調（組織）と競争（個々のキャリアの問題）の相克は、いまに始まったことではなく組織体の持つ永遠の課題です。この前提を理解したうえで、個人の士気を高め、能力と生産性を高めるための重要な考え方が、キャリア権概念であるのです。

個人がよりよい働きをすることが、企業・組織の好業績につながり、社会を豊かにし、その結果、国全体の発展につながります。天然資源にも恵まれず、人口減少の進む日本では特に、社会的資源であるヒトの能力の発展に寄与するキャリア権を法制化して、個々の国民と企業・組織がともに生産性向上のための意識を持つ基盤をつくる意義は、非常に大きいと言えます。

25

【キャリア権に関する新説(2)】

キャリア権は、働く者の士気に好影響を及ぼし、企業・組織等の活動にとって利益になる

◉キャリア権と現行法制

「キャリア権」概念は、前述のとおり、諏訪康雄先生（法政大学名誉教授・中央労働委員会前会長）が、20年ほど前に提唱された日本発・日本初の新しい法概念です。

諏訪先生が日本で初めて「キャリア権」についての論文を刊行物に書かれたのは、「キャリア権の構想をめぐる一試論」（日本労働研究雑誌468号（1999年7月））でした。

「キャリア権」はまだ法制化されていませんし、裁判例にも登場していませんが、「人びとが意欲、能力、適性に応じて希望する仕事を準備、選択、展開し、職業生活を通じて幸福を追求する権利」であるというとらえ方に帰着しつつあるとされています。

法文では、キャリア類似のものとして「職業生活」、キャリア権類似のものとして「職業生活設計」という文言があてられています。2017年3月1日現在、「職業生活」という法令用語は、26法律、23命令に使われているといいます（諏訪康雄「『キャリア権』を意識した企業施策の考え方～これからの人事管理～」ビジネスガイド842号（2017年8月）参照）。

そして、法理念としてのキャリア権の考え方は、憲法のいくつかの条文（13条「個人の尊重」「幸福追求権」、18条「意に反する苦役からの自由」、22条「職業選択の自由」、26条「教育・学習権」、27条「勤労権」など）に分散して認められます。

「権」という文字があるために、権利性（＝請求権）があると思われるかもしれませんが、現状では具体的な権利性までは認められないとされ、企業・組織等の努力義務という位置づけが妥当であるとされます。この点、**キャリア権概念は「人事権」と対立する権利概念ではない**と説かれますが、私はむしろ、個々の人材の能力の向上を目指すキャリア権は、働く者の士気に好影響を及ぼし、企業・組織等の活動にとって利益になることを強調すべきではないかと思っています。

◉キャリア権の重要性

経営側の立場で人事・労務問題を専門に扱う弁護士として50年以上活動してきた私の経験に照らすと、キャリア権は権利として肯定されるべき概念であるものの、実定法上の規定がないだけであり、将来的には権利概念として肯認され、実定法上の存在になると思います。

私がキャリア権を権利としてとらえようとする根拠は、企業の実務の実態に触れてきた経験です。たとえば、判例では労働者の就労請求権は原則として認められませんが、先鋭的な新しい発想・解釈により権利概念として認知される可能性を秘めていると感じていますし、また、人事権の一つである配置権は濫用が許されないものです。これらはいずれも、キャリア権概念に基づくものと言えます。

なお、労働者に認められる「退職の自由」は就労請求権と表裏一体の関係にあり、また、職業選択の自由の一環としてもとらえられます。

優秀な人材は、①よりよい給与・報酬を求めるため（生活の向上）、②よりよい労働環境を求めるため、③自身の技量や人格を発展させるため等々の理由で、転職を重ねることは珍しくありませんから、退職の自由もキャリア権概念の基盤を成すものであることを付言します。退職の自由とキャリア権の関係については、今後さらに考察を深めていきたいと思います。

◉研究者からの貴重な教えを実務家が広める

私が最初に「キャリア権」という考え方の存在を知ったのは、私の連載を『人事労務の新潮流』という冊子にまとめるにあたり、2007年7月に、諏訪先生に「はしがき」のご執筆をお願いしたときの何気ない会話の中でのことでした。私が諏訪先生に、「最近の話題は何かありますか」という趣旨のことをお尋ねしたところ、「キャリア権というものがありましてね」ということで、提唱者である諏訪先生から直々にこの法概念をお教えいただいたのでした。

そのとき、キャリア権は私が専門とする「働くこと」にとって極めて重要なテーマであると直感しました。そして、冒頭で紹介した諏訪先生の論文「キャリア権の構想をめぐる一試論」

を先生からいただき、熟読して、目からウロコが落ちました。人事・労務において「業務上の必要性」と「労働者の利益」を勘案して結論を決めるという論理は正しいが、利益が家庭生活にのみ凝縮されているのが残念であるということに感銘を受けたのです。まさに、実務家である私が、優れた研究者である諏訪先生から貴重な教えを授けていただいた瞬間でした。

企業内の施策として個別に行われているキャリア開発がうまく運用できない状況があれば、人的資源の質が国全体として落ちていき、日本の国力は衰退する一方となってしまいます。当時、すでに人口減少局面に入っていた日本と日本国民の将来のために、人材の価値を高める重要な方途の一つとして、キャリア権概念を社会に広めていきたいという使命感のようなものに、私は突き動かされました。

わが国は、この先も人口が減少し続け、2100年には今の約1億2000万人から半分以下の5000万人足らずになるという厳しい予測もあります（国立社会保障・人口問題研究所）。天然資源に恵まれず、社会資源の中の一つである人的資源＝ヒトの力を向上させることによってしか存続の道のないわが国にとって、キャリア権概念は、政界・官界・社会全体で研究と実践を重ね、立法化を実現すべき極めて重要なテーマです。ここには、イデオロギーや労使の対立を超越した価値観があるはずです。国の存亡がかかっていると言っても、過言ではないのですから。

26

【キャリア権に関する新説(3)】

キャリア権についての情報発信が未来社会を明るくする

◉執筆による情報発信

2007年7月、キャリア権概念の提唱者である諏訪康雄先生より直々にご教授いただいたことを契機に、キャリア権を社会に広めようと決めた私は（本章25参照）、手始めに、キャリア権についての自分の考えを刊行物に発表していくことにしました。

私は専門紙『労働新聞』に1974年よりさまざまなテーマで執筆・連載を続けていましたので、まず、同紙に2008年1月～2月に「注目すべき『キャリア権』」（上・中・下）を書きました。そして、『ザ・ローヤーズ』同年4月号の巻頭言で、「待望されるのは、キャリアのみならずキャリア権をも積極的に認定する方向に司法をも含め国が動き、キャリア権にバックアップされた一定のキャリアを構築した者には一定の取り扱いが保障されるシステムの構築だ」と書きました。

なお、キャリア権という言葉を知る以前の自分の原稿を大雑把に確認したところ、1999年6月～7月、『日経産業新聞』に「雇用リストラ」というタイトルで5回にわたり連載した中の第3回「大義名分と総括」に、「転進への思いは、……より自分自身を活性化したい、……人生を全うしたいという思いが募る動機になっているのである。リストラが成功するのは、実は自分の人生を十二分に燃焼したいという思いがあるからだろう」という記述がありました。〝自分自身を活性化する〟というのは、まさにキャリア権の考え方です。

◉勉強会の主宰とNPO法人の設立

執筆の次にとりかかったのは、労働問題について見識の高い方々に委員となっていただいて、勉強会を主宰することでした。私よりお願いして、諏訪先生を座長とする勉強会「キャリア権研究会」を2008年4月に立ち上げました。

委員としては、諏訪先生よりご紹介いただいた労働法の優れた研究者、そして、私とかねてよりご縁をいただいていた経営者、労働組合関係の重鎮、元裁判官の弁護士、労働側弁護士、心療内科医、新聞記者という各分野の有力な専門家にご就任いただきました。この勉強会は、全9回、約2年間にわたって議論を重ね、2011年6月には「報告書」を発行しました。

その後、この勉強会が基盤となって、2013年4月には「特定非営利活動法人（NPO法人）キャリア権推進ネットワーク」が設立されるに至りました。

企業・組織もそこで働く者も、男性も女性も、若者も中高年も、正社員も非正規社員も、そして個人事業主も、フリーランスも、それぞれの立場で仕事の成果の質を高めなければ、日本の将来は明るくなりません。キャリア権概念は、まさに未来社会に向けての法概念なのです。

こうして、私はキャリア権と出会って以降、機会あるごとにキャリア権について書き、皆さんにお話ししてきました。

◉社会に浸透していく兆し

情報発信の一つの大きな転機は、NHK竹田忠解説委員の依頼を受け、2017年3月に夕刻の同局ラジオニュース番組で「副業問題」の解説をしたことでした。話の最後で、私がキャリア権にも言及したことが、同年11月23日「勤労感謝の日」にNHK地上波放送「時論公論」での竹田解説委員による「キャリア権」の解説につながったと、竹田解説委員よりうかがいました。このようにして、キャリア権概念は社会に次第に浸透していく兆しが見られます。

戦後の日本は企業組織がしっかりとして、その組織が人材をがっちりと抱え込み、それを法や政策が支えていくことで成長を遂げました。こうした中でつくられてきた概念が「人事権」です。組織全体が回るためには人事権があることが必要で、個々人が自分の利益のみを目指していては統制がとれず、組織の秩序は保たれず、業績を挙げることはできません。労働関係には契約法的な考え方だけでなく、組織法的な論理も入れなければならないとされるゆえんです。

1987年に出した拙著『人事権の法的展開』の「序」の冒頭にも、次のように書きました。

「私は、企業と労働者との労働関係を法律的に構成するに当っては、契約法的考察のみによってはならず、組織法的な考察をも加味してこそはじめて正鵠を射たものとなるとの見解に立って従来から論説を進めてきているものであるが、本書においては、右の論旨が正当性をもつものであることを具体的に検証する為に、〃人事権〃という世界を選択したものである」。

この点、裁判例も、「企業秩序は、企業の存立と事業の円滑な運営の維持のために必要不可欠」とし（富士重工事件〔最高裁昭和52年12月13日判決〕）、企業秩序定立・維持権限は、企業を「構成する人的要素及びその所有し管理する物的施設の両者を統合し合理的・合目的的に配備組織」するためのものとして（国鉄札幌運転区事件〔最高裁昭和54年10月30日判決〕）、組織法的な論理を認めています。そして、こうした組織的な理論・人事権とバランスをとる働く側の根拠は、長い間、家族が働いている、病人を抱えているなどの家庭の事情、生活権のような考え方でした。

人事権を定める法的根拠がないのと同じで、キャリア権にもまだ具体的な法的根拠はありません。しかし、人事権と同様にキャリア権も、実定法がなくても当然に認められる性質のものであることを認識する必要があります。キャリア権の根本を成す内容は、①勤労権、②就労請求権、③配置権であると私は理解しています。

なお、キャリア権の新しい視点としては、「フリーランスにとってのキャリア権」「グローバル化による多様な社会におけるキャリア権の意義」が挙げられます。未来の働き方を見据えて、キャリア権をさらに勉強して、実務家の立場から社会に発信し続けたいと思います。

27

【健康経営に関する新説】

健康経営はヒト・モノ・カネなどすべてについて健康でなければならない

◉健康経営表彰企業の不正行為

２０１６年６月、神戸製鋼所の鉄鋼事業部門関連会社・神鋼鋼線工業の１００％子会社である神鋼鋼線ステンレスで、ＪＩＳ法違反の不正品質問題が発覚しました。翌２０１７年10月には、アルミ・銅事業部門など他の部門での不適切行為が多数発表されています。この事件に接したとき、私は同社が健康経営を行っているとして表彰されていることを思い出し、健康経営とは何なのか、と強い疑問と驚きを禁じ得ませんでした。

神戸製鋼所は２０１５年から３年連続して健康経営銘柄に選定され、２０１７年２月には経済産業省が推進する健康経営優良法人２０１７の認定法人に選定されています。そのような会社が、このような不正・不適切行為を営々と続けてきていたということは、いったい健康経営とは企業の価値増加に何らかの貢献がある概念なのでしょうか。

そもそも現在の健康経営という概念自体が意味をなしていないのか、それならば概念を刷新する必要があるのではないでしょうか。

◉健康経営の目的から考える

健康経営とは、経済産業省によれば「従業員の健康保持・増進の取組が、将来的に収益性等を高める投資であるとの考えの下、健康管理を経営的視点から考え、戦略的に実践すること」とされています（同省「企業の『健康経営』ガイドブック」）。つまり従業員の健康増進自体が目的なのではなく、それによって生産性を向上させて、収益性等を高める、すなわち企業価値の向上が目的なのです。

そうであるならば、健康経営を従業員のことばかりに終始させるのは誤りであると言うべきです。すなわち、ヒト・モノ・カネすべてについて健康にして初めて健康経営と言えると私は考えます。

それには、第一に専門家の意見を参考にしながら、ヒト・モノ・カネを健康にすること、第二に、これを監査という方法で担保する、ヒト・モノ・カネすべてについて監査制度を設けること、第三に、ヒト・モノ・カネすべてについて目標設定をすることです。こうした取組みを年々繰り返すことを健康経営と言うべきであり、これによって、社会貢献のできる価値ある企業に成長することができるのです。

◉心の健康が最優先

ここ数年、神戸製鋼所以外にも、日本を代表する上場企業で多数の不正品質問題が発覚しました。しかも、不正行為は長年にわたって行われてきています。これでは不正品質自体はモノに関するものであるにしても、行ってきたヒトもまた健康とは言いがたいのではないでしょうか。

嘘つきの風潮のある会社が健康経営であるとは誰も思わないでしょう。要するに、人間の身体が健康であるだけが必要なのではなく、心が健康であることがまず必要なのです。そしてその下に身体も健康である、モノも健康である、カネも健康であるが続くのです。

さらに、情報・信用・組織・帳簿・スクラップ&ビルド・M&A・海外進出を合わせ計10項目が健康であるとなってはじめて、企業が健康であると言えるでしょう。

このような意味で、健康経営の概念を根本的に変えなければ、日本を代表する立派な企業、社会に寄与する企業として認定する意味はありません。

28

【メンタルヘルスに関する新説(1)】

メンタルヘルス対策は人間性の崩壊・喪失への対策でなければならない

◉メンタルヘルスは人類が直面する危機

2017年2月に公表されたWHOの推計によると、世界でうつ病で苦しんでいる人々は、2005年～2015年の10年間で18・4％も増加し、3億2200万人に上ることが明らかになっています。メンタルヘルスの問題は、人類が直面する世界的な危機となっているのです。

こうした事実から見たとき、日本の労働者に対するメンタルヘルス対策は、偏りがあって実効性が薄く、より根本を究めた大胆な発想の転換が必要だと感じざるを得ません。

◉企業ができることは限られている

現代はストレスが高く、過労死・過労自殺が社会問題化し、法改正による企業への規制強化が行われています。労働安全衛生法の2005年改正により規定された医師による面接指導ではメンタルヘルスを含むとされ、同法の2014年改正ではいわゆるストレスチェックが規定されました。また、2018年に成立したいわゆる働き方改革関連法では、残業や年休消化、勤務間のインターバルなど、労働時間や休み方や健康も主要なテーマとなっています。

しかし、メンタルヘルスの問題を改善するには、これらの企業サイドの対策だけではうまくいかないのは明らかです。なぜなら、労働者には公私があって、〝公〟の部分を企業が配慮するとしても、できることは前記のストレスチェック後の産業医による面接指導のみで、〝私〟の部分については企業は何もできません。家族のこと、お金のこと、異性のこと、副業のことなど、現代社会ではストレスの原因はたくさんありますが、労働者一人ひとりについてそれらを企業側が把握することはできないからです。そういう意味では、企業側はいわば無防備で労働者側に対処しなければならないのです。それゆえ、外形的な労働時間の長さだけがクローズアップされるのです。

企業が〝公〟の部分でできる医師による面接指導は、メンタルヘルスは心の問題ですから、それを受けるか受けないか労働者の自由とされています（希望者に面接指導を実施するとされているのです）。過重労働等のおそれがある労働者に対する面接指導を受けることは、労働者の義務とされているのと区別されているのです。しかもストレスチェックの結果すら、労働者の同意がなければ、企業に通知されません。

このような規定には、心の健康診断を軽視する国の姿勢が見てとれます。企業の側だけでなく、労働者にも自己保健義務を法制上も認め、もって総合的なメンタルヘルス対策をとる必要があります。

◉メンタルヘルス問題は、「ハートワークの時代」の必然

そもそもなぜメンタルヘルス問題、精神疾患が生じるのかといえば、人間の便益のために自然を破壊して、周りが人工的でストレスを発生させるものばかりになってしまったことにも一因があります。したがって、メンタルヘルスの問題は、意識的に自然に還る時間を持つことによって、いくらか改善されると思います。

昭和20年代後半に、長野県松本市から「花いっぱい運動」という活動が全国の自治体に広がったと言いますが、花は確かに人の心に癒しを与えます。私は、ブログ掲載用に毎朝の散歩で道端に咲く花の写真を撮り続けていますが、人知れず咲く花を見るとほっとします。また、森林浴が健康によい影響を与えることは科学的に証明されています。松やヒノキ等の針葉樹から発散されるフィトンチッドという物質が、人をリラックスさせる効能を有することは有名です。花や樹木の力を借りて、少しでも自然への復元を図ることは、心の健康のために大変重要です。

この文明の進化を労働の面から考えるならば、労働は、主に手足を使う労働・肉体労働がメインである「フットワークの時代」から、頭脳労働・知的活動がメインである「ヘッドワークの時代」に至り、さらに主に心を用いることが重要な要素である「ハートワークの時代」へ、という変遷をたどってきているのです。そして、「フットワークの時代」には肉体労働を長時間続けても精神的疲労にはつながりにくいのですが、「ヘッドワーク」「ハートワーク」の長時

間労働は精神的負荷となるという対比が認められます。

現在の「ハートワーク」の時代では、「良心・善意・連帯心・成長」を旨とし、心を大切にすることに価値がおかれます。「良心」とは自分の心に恥じない姿勢で生きることであり、「善意」とは他人の心を慮って行動することです（「連帯心」「成長」を含め詳しくは第4章43参照）。すなわち、企業活動においても、心の働きが重要な役割を果たすことになるのですが、そのような性質の労働を続けていくと、野球のピッチャーが投球過多で肩を壊すのと同様、心が壊れやすくなるのです。一方で、企業活動におけるハートワークの基本は、まずは競争下に生き続けるということです。社会でも企業でも秩序形成のためには、順位付けがなされます。それにより、敗北の不安感と淘汰の恐怖にさいなまれ、そうしたハートワークの競い合いが激しくなるほど、〝ハートが壊れる〟事態が一層招来されるのです。

これは私の経験則ですが、「睡眠」「バランスよい規則的な食事」「適度な運動」「よく笑う（良好なコミュニケーション）」「排泄」という五つのシンプルな習慣が身に付いている人は、ストレスにも強く、心身の健康を保ちやすい傾向にあります。これからの時代は、企業によるメンタルヘルス対策も、従業員がこのような〝動物〟としての基本事項をクリアできているかという視点が重要になってくると思います。

29

【メンタルヘルスに関する新説(2)】現在のストレスチェックではメンタルヘルスを守ることはできない

◉2017年度過労死等の労災補償状況

2018年7月6日、2017年度「過労死等の労災補償状況」が厚生労働省より発表され、新聞等でも大きく報道されました。

仕事が原因でうつ病などの精神疾患にかかり労働災害（労災）認定を受けたのは506人（前年度比8人増・初めての500人台）で、同省が1983年度に統計を取り始めて以降過去最高であったということです。

506人のうち自殺・自殺未遂が98人（前年度比14人増）、506人のうち30歳代以下が約半数の251人であったという数字を見るにつけ、

	13年度（平25）	14年度（平26）	15年度（平27）	16年度（平28）	17年度（平29）
	1409	1456	1515	1586	1732
	1193	1307	1306	1355	1545
	436（36.5%）	497（38.0%）	472（36.1%）	498（36.8%）	506（32.8%）
	177	213	199	198	221
	157	210	205	176	208
	63（40.1%）	99（47.1%）	93（45.4%）	84（47.7%）	98（47.1%）

3　支給決定件数は、決定件数のうち「業務上」と認定した件数である。

4　認定率は、支給決定件数を決定件数で除した数である。（以下略）

日頃の上司や同僚の気づき、そして労務管理の力でなんとか予防できなかったのかと悔しい思いがします。

労災認定を受ける人の数は、脳・心臓疾患による数よりも、精神疾患による数のほうが2010年度以降は多くなっています。

2017年度に精神疾患により労災認定を受けた人数が過去最高になった結果について、厚生労働省の担当者は「患者調査では精神疾患の患者が増えており、労災認定の増加につながっているのでは」と分析、「ストレスチェックを活用するなどし、職場環境の改善につなげたい」とコメントしたそうです（2018年7月6日付け日本経済新聞〔夕刊〕記事より）。

記事の書き方がよくないのか、担当者の言葉が不十分だったのか、何度読んでも意味がわか

＊精神障害の労災補償状況（厚生労働省ホームページより）

区分	年度	2009年度（平21）	10年度（平22）	11年度（平23）	12年度（平24）
精神障害	請求件数	1136	1181	1272	1257
	決定件数	852	1061	1074	1217
	うち支給決定件数（認定率）	234（27.5%）	308（29.0%）	325（30.3%）	475（39.0%）
うち自殺（未遂含む）	請求件数	157	171	202	169
	決定件数	140	170	176	203
	うち支給決定件数（認定率）	63（45.0%）	65（38.2%）	66（37.5%）	93（45.8%）

注 1 本表は、労働基準法施行規則別表第1の2第9号に係る精神障害について集計したものである。
2 決定件数は、当該年度内に業務上又は業務外の決定を行った件数で、当該年度以前に請求があったものを含む。

りません。

まず、前段ですが、労災認定は、個別の事案ごとに労働基準監督署が公平・公正な視点から業務起因性を判断するものです。世の中で精神疾患の患者が増えているから労災認定の数が増えたというのは論理の筋道がわかりません。

むしろ実際には逆で、労災の請求件数も過去最多の1732件と大幅に伸びていることからすれば、労働に伴って精神疾患となった被用者の数が増えて精神疾患の患者数を押し上げていると考えるほうが自然でしょう。

◉ストレスチェックの効果は？

そして、後段。**労務問題やメンタルヘルス問題にかかわっている人であれば、今回の報道を見た瞬間に、厚生労働省が鳴り物入りで導入した2015年12月1日施行の「ストレスチェック」の効果が期待どおりでないと受け止めたはずです。**

労働安全衛生法の一部を改正する法律（2014年6月25日公布・2015年12月1日施行）により、ストレスチェックと面接指導の実施等を事業者に義務づける制度が創設され、法施行後1年以内、2016年11月30日までに、1回目のストレスチェックを実施する必要があるとされました。

ストレスチェック制度を熟知されている知己の専門医に直接聞いた話ですが、ストレス

チェックの問題点は、そもそも高ストレスで手を挙げる人があまりいないことであるといいます。

とすれば、本来は会社として最優先で対応すべき高ストレス者が自己申告しないために見過ごされて、メンタル不調に陥ってしまう由々しき事態となります。ストレスチェックが実施されるようになりあまり期間が経っていないことを割り引いても、労災認定を受けた精神疾患の者が過去最高になったという事実は、この専門医の抱いていた危惧が現実のものになっていることを示しています。

【メンタルヘルスに関する新説(3)】

30 チャレンジに伴うよいストレスを経験しよう!

ストレスとは、「医学や心理学の領域では、こころや体にかかる外部からの刺激をストレッサーと言い、ストレッサーに適応しようとして、こころや体に生じたさまざまな反応をストレス反応と言います」(厚生労働省・働く人のメンタルサイト「こころの耳」より)とされています。

◉よいストレスと悪いストレス

「すべて精神から始まるべし」「神は血気に宿る」——これらは、私の好きな言葉です。

考え方や心の持ちようや精神を整えて物事に取り組むことが、よい結果につながることを多くの人が経験していると思います。特に困難な仕事であればあるほど、心や精神は大切であり、困難を乗り越えて成果を挙げたときの達成感は自分の成長を実感したことからくるものでしょう。

そもそも仕事はストレスです。睡眠時間を削ってでも、困難を克服して成長するための苦労は大きなストレスです。本人の性格や資質も関係しますが、これをよいストレスとして努力できるか、悪いストレスとなりメンタルヘルス不調を起こすか、この分岐点の研究が最も重要です。

この点、2009年に他界された専門医島《しま》悟《さとる》先生が書かれた小論文「過重労働とメンタルヘルス――特に長時間労働とメンタルヘルス――」(産業医学レビュー2008年2月号)によれば、①睡眠時間の短さとメンタルヘルス不調には密接関連性があって6時間以上の睡眠時間を確保し得る労務管理が求められる、②労働者自身の私生活の過ごし方に課題があることも多い、そして、③仕事の裁量度が低いこと・努力と報酬の不均衡と抑うつ状態の発症は関係性があるという調査があるとされています。

また、『産業精神保健研究』2018年4月号(医療法人社団弘富会)によれば、これまでの研究で、仕事に誇り(やりがい)を感じ、熱心に取り組み、仕事から活力を得て生き生きしているなど、仕事に関連する積極的で充実した心理状態(ワーク・エンゲージメント)が高い従業員は、ストレス反応が低く、心理的苦痛や身体愁訴が少ないことなどが示されているといいます。

専門家によるこれらの指摘は、すべて精神から始まるべしという私の日頃の実感が、臨床的にも誤りではないことを示していると思います。

スポーツあるいは芸術の世界でも、上達してより高い次元を目指したいという自らの欲求のためには、自発的に厳しいトレーニングや鍛錬を継続して大変なストレスをも乗り越えて成果

を挙げます。このようにして達成感や満足感を得てその先のさらなる希望を見出すとき、人は精神を病むどころか精神の充足感を得るはずです。労働の世界も同様で、よき上司や同僚に恵まれ、仕事を喜びであると感じ、自分の努力が報われていると感じるときには、ストレスは悪い方向には作用せず成長へとつながるよいストレスとなります。

今後、ストレスチェック制度を実質的なものにするためには、労働者からの申告によらざるを得ないという現実はあるとしても、面談などストレスチェック制度を担う専門医等への教育をより一層充実させることが喫緊の課題です。

厚生労働大臣そして厚生労働省担当者は、精神疾患で労災認定を受けた人数が過去最高になったという事実（本章㉙参照）を深刻に受け止めているのであれば、ストレスチェック制度に改善の余地が大いにあることを率直に認め、国民にわかるように改善策を示すべきです。それが、一億総活躍社会という看板を掲げる政府の責任のとり方であると私は思います。

◉チャレンジこそがストレスがよい方向に作用する

ところで、私は、感性や美意識や感受性に対する〝外部からの刺激〟＝ストレッサーがよい方向に作用し感情を発散させた例を目の当たりにして、半ば感動したことがあります。

私は、1989年、1990年、1991年と3年連続で、事務所のクライアントの皆さんとともにソビエト連邦（当時）を訪問しました（ソビエト社会経済視察団）。この3回目の訪問は、思えば、ソビエト連邦が事実上崩壊した91年12月のわずか半年前のことでした。

視察団の旅程には、美都レニングラード（当時）でのバレエ、オペラ等の鑑賞も組み込みましたが、バレエなどに興味がないという強い忌避の意思表示をする男性も大勢いました。私が、すばらしい公演ですからぜひご一緒しましょう！　と半ば強引に劇場に連れていったところ、「そんなもの見てもしょうがない」と言っていたご本人が、カーテンコールでは「ブラボー！ブラボー！」と立ち上がって絶賛し、私に感謝しておられました。この感情を爆発させる様子を見たときに思ったのは、経験のないバレエ鑑賞を強制されたことがまずご本人にとって大きなストレスであったに違いないこと、そして実際にバレエを見て想像をはるかに超える素晴らしさ・美しさに圧倒されたがゆえに、当初のマイナスのストレスが、大きな振れ幅でプラスのストレスに一気に転化したのではないかということでした。

このような得難い経験をしたクライアントの皆さんは、私の引率の下にその後の旅程を円満に続けたことは言うまでもありません。

チャレンジこそがよいストレスで自分を成長させるという事実を、多くの人に経験してもらいたいと思います。

第3章

弁護士の
情報戦略

【事務所経営の中核に関する新説】

31

法律事務所こそ絶えざるイノベーションを必要とする場である

◉法律事務所が直面する課題

弁護士にとっての情報戦略とは「新説」を創造し、発表し続けることだと述べてきました。ところで、弁護士が執務を行う事務所を法律事務所といいますが、この名称には独占権があり、弁護士でない者が法律事務所という名称を使用することはできません（弁護士法74条）。また、弁護士法人であれば、所属弁護士会の地域内外を問わず、従たる法律事務所を設けることができますが（弁護士法人規程15条）、法人化していない法律事務所は所属する弁護士会の地域内に一つしか設置することができません（弁護士法20条）。このような独占と規制があるということは、法律事務所が、社会正義を実現する弁護士が執務を行う場所として国民が信頼する特別な場所であることを意味します。

そうすると、個々の弁護士とは別に、法律事務所（以下、単に「事務所」ともいいます）としての機能を情報戦略の観点から考える必要が出てきます。

◉新説創造から見た事務所の機能

弁護士が新説を誕生させる場所は、多くは事務所です。ひらめきは、時と場所を問わず生まれますが、それを検討し、熟成させる作業は、多くが事務所で行われることになります。ならば、事務所は弁護士が新説を生み出すにふさわしい場所でなければなりません。

特に、現在のように複数の弁護士が協働して事務所を運営している場合、常に誰かが新説を創造し、発表していくことが事務所としての情報戦略の要となります。

弁護士が新説を生み出すのは決して簡単なことではありません。先人が考えたこととはまったく別途の道筋をつくることで、いわば原野に道を切り開く作業です。それは切り開けるという保証もなく、行き止まりで後退せざるを得ないおそれもある作業なのです。

この観点から考えると、事務所がまずすべきは、新説をつくった弁護士に対する評価を高くするということです。日本社会では、新説に接したときに「なんだ、それくらいのことは誰だって考えられるよ」とその人に対する評価が極めて低いのです。したがって、事務所としては、そうした新説をつくり出した人に対する高い評価を、意識的にかつ積極的に行うという方針を立てることが必要になります。

また、新説にチャレンジしない理由として、人間には安全欲求があることが挙げられます。ことに、難関の司法試験に合格して、資格と能力という大いなる資産を有している弁護士は、安全欲求が強くなりがちです。

この観点から事務所がすべきことは、弁護士を安全でない状況に追い込むということです。困難な事件を引き受けるということもあるでしょうし、より教育的な観点からは、一定期間に論文や書籍を著す、あるいはセミナーの講師を行うといったことが考えられます。期限がある中で一定の成果を出さなければならない、成果を出さなければ資格も能力もないと烙印を押されてしまうという安全でない状況をつくり出すことが必要です。

◉イノベーションこそ事務所の生命線

こうした事務所の動きは、まさにイノベーションと言うべきものです。イノベーションは、しばしば「技術革新」と訳されて誤解されがちですが、技術だけの話ではありません。シュンペーターにより提唱された定義を踏まえたＯＥＣＤの定義によれば、イノベーションとは、創造的活動による新製品開発、新生産方法の導入、新マーケットの開拓、新たな資源（の供給源）の獲得、組織の改革とされ、①プロダクトイノベーション、②プロセスイノベーション、③マーケティングイノベーション、④組織イノベーションの四つに分類されています（OECD (2005) "Oslo Manual"）。

法律事務所もまた、このイノベーションが社会から求められているのです。四つの分類でいえば、たとえば、①新説の創造・発表、②ＡＩ等を駆使した新しい実務の導入、③新分野への参入、④事務所の意識改革・体制の刷新などを行っていくことにあるでしょうか。

こうしたイノベーションができない事務所は、社会から独占を認められている法律事務所とは言えないでしょうし、事務所に所属する弁護士にとっても魅力がなく衰退していくことでしょう。その意味で、イノベーションは事務所の生命線と言ってよいのです。

32

【リーダーシップに関する新説(1)】

リーダーシップは組織の文化が育てる——〝称賛〟の文化で切磋琢磨を継続する

◉経営にはリーダーシップが必要だが

いま法律事務所では「経営」という側面が強く意識されています。事務所に所属する弁護士、特に若手弁護士が極めて増えているという事情にもよるのですが、それは複雑かつ加速的に変化する社会にあって、依頼者の弁護士への要求が高度化していることが背景にあります。

経営と言うと、常に課題となるのがリーダシップです。経営にリーダーシップが必要だということに異論を挟む人はいないでしょう。我々弁護士は、リーダーシップを常に求められています。事務所を経営する代表弁護士はもちろんですが、新人弁護士であっても事件の処理には依頼者、関係者、事務所のスタッフ等々から信頼されるリーダーシップが必要です。そのため、個々の弁護士のリーダーシップを育てることは、事務所の存亡にかかわることと言えます。

しかし、このリーダーシップをどのように育てていくかは、難しい課題です。

◉リーダーシップとは何か

リーダーシップの基本がリーダー自身の強い精神力であることは間違いありません。なぜなら、誰もが恐怖に駆られ動揺するような危機に直面したときに、リーダーが勇敢に難局を切り開く力を持っているかどうかに組織の命運がかかっているのですから、リーダーには強い精神力が備わっていなければならないのは当然です。

問題は、その精神力の中身でしょう。さまざまな書物を読み、またリーダーと呼ばれる人たちの経験や思いを聴き、私はリーダーに求められる強い精神力の中身は、判断力、実行力、人間的掌握力に集約されると提唱しています。

第一は、冷静な「判断力」です。自他ともに有能なリーダーはすべてを自分で処理しようとしがちです。しかし、真のリーダーは、通常の業務は信頼できる部下に任せ、一方で組織内の意見がまとまらないときや、業務の改善・新規プロジェクトに臨むときに、大所高所から冷静な決断と判断をして方向性を示すものでなければなりません。

第二は、具体的な施策の遂行に必要な「実行力」です。私が人事・労務問題の専門弁護士として開発したリストラ実行の工夫については第1章❻⓫で簡単に触れましたが、実行力の発揮には、このような緻密な裏付けとなる資料や納得させる理屈が不可欠であることを忘れてはなりません。

第三は、衆人を統御するための「人間的掌握力」です。この点で私が特に重視しているのは、リーダーとして相手にわかるように伝えるコミュニケーション能力です。直接的な業務上の指示・命令はもとより、基本的な日常の挨拶に始まり、決裁文書にわずかでもコメントを記すなど部下への真摯な対応を心がけることによって、人間的な信頼関係は醸成されるものです。仕事を通して育まれたリーダーへの人望こそ、人間的掌握力の根源であると言ってよいのです。

この掌握力には、高いコミュニケーション能力に加えて、人として備わっている魅力、「オーラ」が必要です。オーラのある人というのは、まず、幼い頃から真摯に努力し続けていること、そのうえで、修羅場、他人が経験したことのないような苦労を自力でなんとか乗り切った実体験をして、最終的に大きな成果を挙げた人です。要するに、玉は磨かれてこそ光り輝くという世界がオーラなのです。こうした努力を継続すれば、年齢を重ねて老人になってもオーラを維持し、リーダーシップを発揮し続ける人物たり得ます。

◉弁護士にとってのリーダーシップ

では、弁護士の役割からみたリーダーシップの特性とは何なのでしょうか。

弁護士に要求されるリーダーシップとは、反対派や相手方の弱点を的確に見抜き、拡大させ、えぐり出し、白日の下にさらすことです。私の経験上、そうする以外に新しい価値観・秩序・状況を構築する方途はありません。

問題は、こうしたリーダーシップを個々の弁護士がとれるように事務所を経営するということです。それには、リーダーシップは、どのような規模の組織であれ、仕事を通したいわゆる

〝修羅場体験〟をくぐり抜けることでしか育まれないということです。

P・F・ドラッカーは『現代の経営』の第13章組織の文化で「リーダーシップの素地として、行動と責任についての厳格な原則、高い成果の基準、人と仕事に対する経緯を、日常の仕事において確認するという組織の文化に優るものはない」(上田惇生訳)と述べています。

私は、この組織の文化において、今特に日本の社会においては、〝称賛〟による励まし・勇気づけが最も重要だと考えています。日本のように、横並びの意識が強く、個性の発揮を阻む社会では、真の意味での優秀な人材もリーダーも生まれません。人間は、本来的に自立心・連帯心・向上心を持つがゆえに、自らが業績を挙げることを切望するものです。ですから、リーダーシップの基盤となるこうした意欲を正しく伸ばしていくことが必要です。そのためには、〝称賛〟により、その人を励まし、勇気づけていくことが最も重要になってくるのです。

スポーツの世界に、「名選手、必ずしも名監督ならず」という名言があります。プロ野球の例を思い浮かべても、名選手であり名監督でもあった人は多くありません。名監督となるためには、リーダーシップを発揮して、人を束ね、組織を最大限に機能させて成果=勝利を得なければなりません。人を活かし自分も活きるには、支え合えるスタッフ・体制づくりが絶対的に必要です。優れたリーダーは、他人の力を借り、組織を励まし鼓舞する手腕も優れています。

【リーダーシップに関する新説(2)】

33 困難を自らの工夫で乗り切ることが、心力・胆力を磨く一番の方法である

◉心力・胆力を身に付けるには

リーダーシップの根幹は、精神の活動力である「心力」、そして、物事に臆しない気力である「胆力」です。これらは弁護士のみならず仕事に生きるすべての人に必要なものですが、努力して身に付ける術はあるのでしょうか。

本章32で、リーダーシップは、困難に直面し乗り越えるといういわば「修羅場体験」を経ることによって育まれると指摘しましたが、心力や胆力も、文献資料を読んだり、講義を受けたり、議論をするだけでは絶対に身に付きません。何よりも、具体的事象の中で、重要な局面で苦しみながらも自分の力で判断し、自分の責任において決断を重ねて、多くの失敗や成功を経るという体験が必要です。人は、困難を乗り切ることによって一つの達成感を味わい、次なる困難に直面しても克服できるという自信を持ち、さらには次なる困難を待ち望む向上心をも手に入れるからです。

私自身、弁護士としての心力・胆力をさまざまな経験・体験を通じて磨いてきましたが、い

くら言葉を尽くしても、心力・胆力を身に付ける方法を伝授することはできません。「正々の旗、堂々の陣」の下に、本人が真正面から問題に取り組んで、解決に向けた体験する以外には策はないと実感しています。

「艱難《かんなん》汝を玉にす」、「若いときの苦労は買ってでもせよ」、「かわいい子には旅をさせろ」等々の言葉が昔からありますが、まさに旅に出て、さまざまな苦労や経験をして、困難を自らの工夫で乗り切ることが、心力・胆力を磨く一番の方法です。

◉すべて精神に始まるべし

どのような仕事でも、すべて順調にいくとは限りません。当然、困難に遭遇したり、ときに自分の手にあまる仕事に直面したりすることもあります。しかし、そこで諦めずに果敢に立ち向かい、乗り越えられたときに、心力・胆力が磨かれ、自分を真に成長させてくれる貴重な体験を得ます。

第一次南極観測隊（1957年〜1958年）の越冬隊長を務めた理学者の西堀榮三郎氏（1903年〜1989年）は、「私は困難に遭遇すると『この困難を克服する経験を味あわせてもらいましょう』という気になり勇気が湧いてくる」という名言を残されています。

西堀氏が、南極という過酷な環境の中で、ストレスの大きい状況を強い意思でよいストレスへと変換し、人心を掌握し、隊長としての優れたリーダーシップを発揮されたであろうことは、この言葉から十分に想像できます。困難や障害を乗り越えるだけでなく、まさに発想の転換により、自らの苦境を成長のチャンスであると前向きにとらえる思考ができれば、心力、胆力、そして上質のリーダーシップを身に付けるチャンスを得ることにもなります。

私は、経営者の皆さんに「社長は心理学を学びなさい」と言っています。経営者たる者は、相手の心理を読むのみならず、自分自身の心をもよく分析し理解して、日々成長を遂げる存在であらねばならないと思うからです。

「すべて精神に始まるべし」という言葉は私の座右の銘であり、苦労をしてでも世の中に新説を問いたいという日頃の心構えの根本です。精神や心を大切にするところから、あらゆる物事は始まります。

34

【事前準備に関する新説】

常在戦場――自分の価値判断基準・優先順位を日頃から決めておくことが迅速な判断を可能にする

◉スピードか完成度か

兵書として名高い『孫子』の作戦篇にある「兵聞拙速。未睹巧之久也」（兵は拙速を聞く。未だ巧みの久しきを睹《み》ず）は、現代語に訳すと、「戦いは、たとえ拙劣でも速決が大事である。いかに戦争巧者でも、長引いて成功したためしはない」（諸橋轍次『中国古典名言事典』参照）という意味です。つまり、刻々と局面が変化する戦場においては速攻が最大の武器となることを説き、即断即決を尊んでいます。

この言辞は、一般に「拙速は巧遅に勝る」というような表現となり、ビジネスという名の戦場でも広まっているものです。そして、まさにペンと言論による戦場を舞台とする弁護士の世界でももちろんのこと、迅速で歯切れよい判断力は非常に重要な能力です。

私が、常に先手必勝の気構えで、怠りなく準備を整え、裁判にあっては余裕をもって早めに書面や証拠を準備する習慣を身に付けてきたのも、早めの準備が迅速な判断に通じるという経験を重ねてきたからです。

◉事前の準備＋自らの価値判断基準

迅速な判断で、物事を当方に有利に運ぶには、事前の準備を整える以外に、自分の中の価値判断基準を明確に持っておく必要があります。場当たり的に曖昧な考え方しかできないようでは、厳しい局面で判断を迫られたときに、迅速かつ的確な思考をなし得ません。常在戦場の精神による日頃からの備えがなければ、勝利を勝ち取ることは不可能です。

物事を考えるにあたっては、非常に多くの基準となる論点があります。

たとえば、「利益が出るのか、損失を出すのか」（損得・損益）、「社会的にみて正しいのか、正しくないのか」（正邪）、「続けるべきか、撤収すべきか」（存廃）、「重大であるか、重大でないか」（大小）、「感情を優先すべきか、理論を優先すべきか」（情理）、ほかにも、「強弱」、「善悪」、「和戦」、「親疎」、「公私」などです。そして、私の経験に照らすと、結局最後には「正義が勝つ」という真理があります。

もちろん、実社会では、「損失を被ることになるが、正しい」ということもあれば、「撤収すべきであるが、売上げ減となる」などのように、それぞれの価値基準が錯綜し、ある決断を下せば他の価値基準が満たされないということも頻発します。迷いの生じるような事態にあっても決断できる弁護士となるためには、価値判断基準の優先順位を事前に決めておくべきです。

新規事業がうまくいかず赤字が累積している経営者から、顧問弁護士であるあなたが助言を求められたとしましょう。経営者は孤独な立場ですから、日頃から人間性を信頼しているあなたに、「赤字とはなっているが、社会的に意義のある事業であるし、いま撤退すると売上げが下がる。新規事業は自分の長年の夢でもあったし簡単に諦めたくない……」という思いを述べ、法的知見というよりも信頼できる人物としての意見を尋ねてきたとします。

最終的には経営判断に係る分野の問題であっても、弁護士として、一定の判断を下して意見を述べる姿勢を持つことが大切であると思います。このときに、たとえば最初から「損得・損益」を第一の基準をすると決めておけば、たとえほかの価値基準を満たさなくとも、それなりに顧客に対して自分の判断に基づく意見を述べることが可能になります。

常在戦場という言葉は、連合艦隊指令長官であった山本五十六の座右の銘であったことでも有名です。山本五十六は新潟県長岡市の出身で、常在戦場は長岡藩の藩訓・藩是でした。ものの本によると、長岡藩の初代藩主は戦国時代に東三河（現在の愛知県豊川市）の地に勢力を置いた牧野氏で、この地が常に強敵の脅威にさらされていたことにより、牧野氏は、長岡藩に移って以降も、常在戦場を18条の冒頭に掲げる東三河の頃からの家訓を大切にし、有事への備えを怠らなかったと言います。

弁護士も、最後に勝つのは正義であることを胸に、有事に備えて日頃から思考と判断力を磨いておかなければ、勝ちぬくことは不可能なのです。

35

【新事業への進出に関する新説】

新説、新分野、新事業へ動きながらバランスをとるのが事務所経営の醍醐味

◉経営がうまくいっているとは

弁護士の陣容が厚くなり依頼者の期待に応えられるようになる、あるいは、顧問先が増えるなどして収入の面でも事務所の経営が安定してくる、こういった状況になると、安堵とともに、いったい法律事務所の経営がうまくいっているとは、どういうことなのか疑問が湧いてきます。

特に、現代のように社会自体が激しく動き、産業の要である技術もあっという間に陳腐化してしまう時代にあっては、現状に甘んじて新しいチャレンジを忘れることが最も危険です。

◉事務所にとっての新説とは

弁護士にとって新説が情報戦略の要であるとするならば、事務所にとっての新説とは何でしょうか。それは新分野・新事業への展開・確立ではないかと思います。「新たな分野で依頼者に法的サービスを提供します」「次年度より、○○○の事業を展開します」、こういった事務所としての展開は、事務所に対する信頼を増し、依頼者に安心感をもたらします。

法律事務所にとっての新事業とは、たとえば私の事務所は人事・労務専門ですが、それ以外

について専門分野をつくるということです。新分野よりもっと広い範囲で新しい分野を切り開くことです。

新説は一点勝負であり、新分野はいわば平面での構築です。それに対して新事業は三次元の構築です。別の表現をすれば、新説はヒトの世界で、新分野はヒト・モノの世界であり、新事業はヒト・モノ・カネの世界です。

私自身としては、新説、新分野にはいろいろ取り組んできましたが、新事業としてはわずかに中国に事務所を設立したという程度です。中国の事務所が発展、成長したという実感はまだなく、それは自分自身の力不足、天が自分に与えてくれた才能が乏しかったということでしょう。しかし、自分自身の努力は惜しまなかったつもりです。**これから社会が一層スピード化すると予想されますから、法律事務所としては、専門性を究めるとともに、ますます新説、新分野、新事業を意識して経営していくことが必要でしょう。それが、この弁護士の世界で生き残る道なのです。**

◉打って出るしか生き残る道はない

新説・新分野・新事業の開発を推し進めていくには、着手した人、達成した人を表彰する制度を設けなければなりません。それは事務所として新説・新分野・新事業へ向かう姿勢を明確にするものです。新説・新分野・新事業が常に成功するわけではありません。その意味で、着手した人を表彰することもまた重要なのです。特に新分野・新事業は短期で成果がでるわけではありませんから、果敢にリスクをとり、チャレンジする弁護士をそのことをもって表彰するのは大いに意味のあることです。

このようにリスクのある新説・新分野・新事業を展開すると、事務所の経営が不安定になるのではないかと懸念する人もいるでしょう。

分子生物学者の福岡伸一氏（青山学院大学教授）が『動的平衡』という書籍を出していますが、その中で「秩序あるものは必ず、秩序が乱れる方向に動く。……この世界において、もっとも秩序あるものは生命体だ。生命体にもエントロピー増大の法則が容赦なく襲いかかり、常に、酸化、変性、老廃物が発生する。これを絶え間なく排除しなければ、新しい秩序を作り出すことができない。そのために絶えず、自らを分解しつつ、同時に再構築するという危ういバランスと流れが必要なのだ。これが生きていること、つまり動的平衡である」と述べています。

これは、東洋医学ひいては東洋哲学の考え方の基礎にあるという「補瀉《ほしゃ》の法則」とも共通するものです。「補瀉の法則」とは、身体に不足しているものを補い、余剰なものを的確に排出する流れができていないと、身体に不調を来し、生命力（自己成長力・自己治癒能力）を喪失するという条理です。要は、人間の心身の健康は、「入り」と「出」のバランスの上にあるということです。

この宇宙にあるすべての生命体には寿命があり、有限なる存在です。そして、組織や企業も、限りある存在である「人」によって構成されるものである以上、有限なる存在であり、廃業や倒産を当然予測していなければなりません。私がかつて主宰していた「社長フォーラム」を熱心に受講した立派な経営者のおひとりは、組織も企業も有限であることを踏まえて私がセミナーで述べた**「最後に倒産する会社になろう！」**というスローガンを、いまも座右の銘として経営に励み、事業を拡大し続けています。こうした厳しい現実を乗り越えて組織や企業が生命力を維持し、小宇宙たる社会に生き続けるためには、自らの使命を果たすべく絶えずイノベーションを続け、エネルギーを補完する必要があります。時代に合わなくなったものを捨て、新しいものを補う。この繰り返しが組織や企業の寿命を伸ばすことにつながります。

法律事務所もまた、同様ではないでしょうか。事務所経営が安定したと感じられるときとは、すなわち秩序ができたときですが、安定に甘んじていては、組織も経営も停滞そして沈滞・劣化へと向かうのは必定です。さらなる成長を目指すには、新陳代謝を心がける必要があります。「自らを分解しつつ、同時に再構築する」ことが必要であり、事務所は、常に新説・新分野・新事業にチャレンジして、新しい秩序をつくり出さなければ生き残れません。そうした動的平衡を実現できて初めて、事務所経営がうまくいっていると言ってよいのです。

36 【事務所のリスクに関する新説】克服すべきリスクか、克服し得ないリスクかの見極めが最も重要な経営判断である

◉法律事務所のリスクとは

法律事務所そして所属する弁護士が新説、新分野、新事業を活動の柱に据えるとなると、そこには常に失敗や予想外の出来事といったリスクが存在することになります。このリスクを、事務所の経営の中でどのように考えていくべきなのかが次に課題として浮かんできます。

◉事業家と経営者は根本的に異なる

ある事業家から、かつて次のような話を聴きました。

「事業家」と「経営者」は根本的に異なる。事業家とはいわば「無」から「有」を生み出すべく新ビジネスを立ち上げ新しい商品・サービス等を構想し実現する者を言う。その意味で一歩間違えて事業が形にならず無のままで終われば〝詐欺師〟呼ばわりされるリスクを負っており、命懸けで仕事をする。一方、「経営者」は、すでに成立している事業を軌道修正しながら拡大修正していく者を言う。

この話を聴きながら、私は法律事務所の経営者として、あるときは事業家に、あるときは経

営者として事に当たるべきことを痛感しました。

事務所を新しく立ち上げるときは事業家としての精神をもって目指すところへ進んでいかなければなりません。一方、事業が安定し依頼者の信頼が厚くなれば、経営者として事業を円滑に進めていくことが求められます。しかし、それだけでは事務所の衰退は必至なので、どこかで事業家として新分野・新事業へ打って出なければなりません。

法律事務所は一般に小規模な事業所ですから、こうした局面によってトップを変えていくというのは困難なことです。したがって、経営にあたる弁護士が、事業家でもあり経営者でもあらねばならないということになるのです。

◉リスクの選別

そして、事業家と経営者の違いを考えるとき、そのとるべきリスクの質が異なるのではないかと考えついたのです。いずれも失敗すれば、事業（事務所）を失うことに変わりはないのですが、事業家が関係者から期待されていることと、経営者が関係者から期待されていることは違います。**ごく単純化していえば、事業家には大きな成果を、経営者には確実な成果が期待されていると言えます。そうすると、そうしたリスクの違いを見極めて、「とるべきリスク」と「とれないリスク」を明確に選別する力量が必要だということになります。**

事業や経営にはリスクはつきものです。事業内容によりハイリスク・ハイリターン、ローリスク・ローリターンなどの違いはありますが、リスクは避けられません。リスクがないとは、すなわちノープレー・ノーエラーであり、それは最悪の状態です。ビジネスにならないのです。評論家は無責任だからエラーばかり論じて、プレーを論じない傾向にありますが、それでは事業家にも経営者にもなれないということです。

この姿勢は、弁護士としても重要で、自身のことのみならず依頼者が克服できるリスクか克服できないリスクか適切に見極めることが求められています。たとえばリストラでいえば、社員を減らすときに大騒ぎになることがあります。労働組合ができるというリスクがあるからです。レベルの低い弁護士は、リスクの見極めができないため安全策にでて、「組合ができるおそれがあるから、人減らしはやめましょう」と言うのでしょう。しかし有能な弁護士であれば、「こうすれば組合はできない。その手当をして人を減らしましょう」と助言することができます。明確な判断の下に、克服すべきリスクを克服する。これは、修羅場を何度もくぐって、自分の責任において問題を解決した者でなければ、身に付けられない能力です。

事務所もまた、新分野・新事業を展開していく中で、このリスクの見極めが重要な経営判断となるのです。

【良心経営に関する新説】

37 所属する弁護士・スタッフにキャリアアップする環境をつくることが事務所の良心経営

◉法律事務所の良心とは

弁護士にとっての「良心」の重要性については、前著『弁護士の経営戦略』でも繰り返し述べました。弁護士にとって良心があるということは、端的に言えば、リーガルマインドが備わっているということです。では、法律事務所の良心、良心に基づいて行う良心経営とは何なのでしょうか。

◉企業における良心経営とは

良心に基づいているかどうかの判断基準を考えると、一般的には次のように考えられます。

第一則　自分自身にしてほしくないことを相手にしてはいないか

第二則　自分自身がしてほしいことを相手にしているか

第三則　そのことが社会的に許されるか

これらの基準に照らして良心経営か、そうではない邪心経営かに分かれるのです。もっとも、一般の企業は良心経営に基づいて企業活動をしているのですから、あえて良心経営というからには、より積極的に良心経営を心がけることが良心経営と言えましょう。

こうしたことは、何も新しい考えではありません。「道徳を忘れた経済は罪悪であり、経済を忘れた道徳は寝言である」、「道徳なき経済は経済に非ず。経済なき道徳は道徳に非ず」――前者は二宮尊徳、後者は渋沢栄一の言葉です。これらが指摘するのは、資本主義経済において経営者が最優先で取り組むべきは、よりよい物やサービスを生み出し消費者や社会に貢献しようとする良心的な創造・生産活動であり、利益は結果としてもたらされてくるのだという戒めです。

ところで、現在「働き方改革」の号令の下に自由な働き方や長時間労働の是正などが政策として進められています。しかしこれを良心経営の観点からみると、人口減少を目の前にして、労働力不足を補うための労働生産性の向上、消費促進のための正規・非正規社員の格差是正ということに邪心が出すぎているように思えてなりません。

良心経営は、何も外に対する関係で良心に基づくだけでなく、中で働く社員に対しても良心に基づいていることを要求します。良心経営は人間尊重の経営です。経営者は社員の安心・安全や健康問題を第一に留意し配慮すべきなのです。人間が人間らしく生きるためには肉体および精神の健全さが必要となるからで、労働者個々の能力と価値を尊重し、安心・安全・健康・健全等の価値観を強く意識する必要があるのです。そこから生まれてくるのが、キャリア権と育成義務です。

社員を一人の人間として尊重するということは、その人の人生設計を尊重するということであり、それはキャリアの尊重、すなわち労働者のキャリア権につながるのです。第2章28で述べたように、現在はハートワークの時代です。その時代にあって、単純な長時間是正で足りるという時代ではありません。社員を人間として尊重するということは、向上心のある社員についてはそのキャリアを権利として尊重し、さらに社員が企業に対して誠実義務を負うのと同様に、企業は社員を育成する義務を負うのです。

キャリア権を認め、育成概念を導入することで、企業における労働力の質的な上昇をもたらすでしょう。質的な上昇をもたらすことは、企業が勝ちぬく原点です。すなわち社員の能力向上を目指すことは、実は企業自身の利益にもなるのです。それが人間尊重の良心経営というものです。

人間を粗末にしてはなりません。使い捨てにしてはならないのです。良心経営を標榜するならば、パート、アルバイトにも育成という概念を行きわたらせる必要があります。

◉法律事務所の良心経営

法律事務所もまた、良心経営を求めるならば、第一にともに働くスタッフを人間として尊重し、その能力・キャリアを向上させるために育成を怠らないことです。これは事務所のトップのみならず、個々の案件で担当弁護士がともに担当するスタッフに対する関係でもそうでなければなりません。

そして弁護士に対しても、その資格にふさわしい社会的価値が創出できるよう、新説・新分野・新事業にチャレンジできる環境をつくることが事務所に求められていると言えるのです。

第4章

弁護士の情報戦略

【格差問題に関する新説(1)】

38 公平・公正な評価と処遇が格差を受け入れ生きがいをもたらす

◉格差は避けられない

日本では21世紀を迎える頃から、社会における格差の問題が意識され始めました。マスコミでも、「勝ち組」「負け組」という言葉が人を評価するときについてまわるようになりました。私が専門とする人事・労務の分野でも、製造業の派遣労働が解禁され、いわゆるワーキングプアが社会問題となり、この問題に直面せざるを得なくなったのです。

しかし、誤解を恐れずに言えば、結婚の自由と相続制度がある限り格差は絶対になくならない、格差解消の根本的な解決はないというのが私の持論です。したがって、これらを前提としたうえで、行き過ぎた不平等や貧困が固定化しないためのセーフティネットとして有効な社会・経済政策の実行が重要なのであり、貧しくとも将来への希望が持てる制度の策定が必要です。

◉格差だけでなくそもそも貧困化している

ところが、格差もさることながら、日本全体が貧しくなっているという実情を忘れてはなりません。国税庁の民間給与実態統計調査によると、正規・非正規合わせて1年を通じて勤務した給与所得者の一人あたりの年間平均給与額（男女計）は、2016年（平成28年）で421万6000円でした。過去ピークであった1997年（平成9年）の467万3000円に比べて、45万7000円も減少しています。

また、エンゲル係数（消費支出に占める食料品の割合）は総世帯ベースで、2005年には最低の22・7%でしたが、2016年は25・8%と上昇しています（総務省家計調査）。

さらに、生活保護受給者数についてみると、最低だった1995年度の88万2229人から、2017年12月時点で、212万3290人となっています（厚生労働省被保護者調査）。

つまり、給与所得は下がり、家計は苦しく、困窮者が増え続けているのです。そうした中での格差はますます厳しいものであることは言うまでもないことです。

◉子どもの格差は日本を消滅させる

格差の問題を考えるときに、将来の格差、すなわち現在またこれからの子どもたちの環境の格差の問題は、特別に考えるべきであると思います。

ユニセフは2016年に報告書「子どもたちのための公平性」を発表しました。それによると、子ども（0~17歳）が属する世帯の所得格差はOECDまたはEUに加盟する41カ国中、日本は8番目に大きく、所得分布の下から10%目にあたる子どもの属する世帯の所得は、中央値にあたるそれの約40%にすぎないのです（各国所得データは主として2013年）。また、学習到達度における〝底辺の格差〟の順位では、調査された37カ国中で日本は下から11番目です。

最近よく耳にする「子どもの貧困率」という言葉があります。ＯＥＣＤの作成基準に基づき算出されたもので、２０１５年の日本の子どもの貧困率は13・９％であり、７人に１人の子どもが、相対的貧困とされる世帯に属しています（ＯＥＣＤ加盟国など36か国の平均は13・３％）。これらの数値を見るだけでも、日本の子どもたちの危機的な状況が理解できます。

日本の将来を思えば、子どもの貧困、教育格差の改善は焦眉の急です。日本財団による推計では、子どもの貧困を放置すると、将来の所得の損失は総額42兆９０００億円、財政収入の損失は15兆９０００億円にものぼるといいます（日本財団子どもの貧困対策チーム『徹底調査　子供の貧困が日本を滅ぼす』（文春新書））。企業間のみならず人材間のグローバル競争も始まっている現在、個々が身に付けるべき教育レベルは大学院程度へと移行しています。となると貧困状態にある子どもは将来への希望をまったく見出せなくなってしまいます。将来を担うべき子どもたちが厳しい環境にあってもなお未来を信じて夢や希望や目標を持てる社会にしなければ、日本は消滅の危機に瀕するでしょう。

◉納得できる格差と働きがい、生きがい

一方、大人の格差の問題は別の観点が必要です。日本には、「貧しきを憂えず、均しからざるを憂う」という格言があります。論語（季氏　第十六）がもとになっているようですが、これ

を働く人に当てはめてみれば、能力に応じて賃金差（格差）が生じることは受け入れられても、公平・公正な評価でなければ受け入れられないということです。公平とは企業内の秩序として適切であるということであり、公正とは社会的秩序において合理性を失わないということです。

そのためにはどうすればよいかといえば、まずは、**成果によって評価するということです。正社員やパート・アルバイト等の非正規社員といった身分の違いではなく、仕事の成果に応じて処遇する制度を構築しなければならないでしょう。そのうえで、評価は主観であり客観的なものなどないと割り切り、その主観が恣意的にならないよう公平・公正なものであるための方法を考えることです。**たとえば司法制度を参考にするならば、①法治主義に倣い、就業規則等の規程類を整備する、②裁判の合議制に倣い、複数の人間が評価する、③裁判の三審制に倣い、不服申立ての制度をつくる、④裁判の公開原則に倣い、評価の透明性を確保するなどです。

こうした工夫によって、評価に納得が得られれば、格差があってもそれを受け入れ、働きがい、生きがいを感じながら、より生き生きと働くことができるでしょう。また評価を通じて、仕事に対する誇りや、自分の技能・技術を磨くことになるでしょう。

こうした方策は、第3章37で述べた良心経営の一環でもあり、そこで説明した企業の育成義務とセットになって、結果として格差の縮小につながっていきます。

39

【格差問題に関する新説(2)】

地域格差の解消は地域密着ではなく〃地域創生〃から始まる

格差問題は、正規か非正規か、男性か女性か等の属人的な視点や、同一労働同一賃金の実現という働き方改革に連なるテーマだけでなく、地方経済の衰退による地方と都市との格差問題という側面もあります。

司法の分野でいえば、弁護士の地域的偏在（いわゆるゼロワン地域の存在）や、裁判所支部・検察庁支部のない地域の存在も、地方と都市の地域格差と言えるでしょう。

◉「地域密着」は共倒れ

私の顧問先や関係先にも、この地域格差を解消することに関心のある企業も多数あります。現場主義がモットーの私は、今までさまざまな地域に実際に赴き、見聞し、肌で感じることを大切にしてきました。そのことから考えたことは、企業が地域の活性化に寄与したいのであれば、「地域密着」という視点は誤りであって、「地域創生」という視点が重要だということです。それは、「地域密着」という視点では、力を失った地域と共倒れになるのみだからです。このことは、私は20年ほど前から各所のセミナーで主張し、また書いてもきました。

地域創生につながった産業の現場として、私は2017年に二つの地域を見学しました。一つは10月に訪れた高知県馬路村《うまじ》で、もう一つは11月に訪れた倉敷市児島地区です。

馬路村は、地元農業協同組合（農協）のリーダーが音頭取りをして、ゆずの加工品、さらには林業や観光も含む複合的な産業で地域を豊かにし、900人ほどの人口でゆず関連商品だけでも年間30億円を売り上げています。かたや児島地区は、繊維関係の伝統産業をKOJIMA GENESとして世界的に有名なジーンズに発展させ、海外をも市場にして地域を活性化しています。

いずれも、ほかにはない唯一無二のブランドを自らの力で打ち立てて、大成功した事例です。実際に現地を拝見して実感したのは、地域創生には、経済的な基盤を国からの助成金等で確保することなどよりも、リーダーの知恵と実行力とリーダーシップが最も重要であるということでした。そして、単なる枠組みづくりに満足するのではなく、実際に儲かり、お金を生み出して地域を経済的に豊かにする仕組みをつくり上げていることに敬服しました。

◉地方創生に向けて

地域を豊かにし、都市と地方の格差問題を解消するには、「使うべきは金ではなく知恵」という意識を地域全体が共有するところからスタートすべきです。

具体的には、たとえば次の3点を提言したいと思います。

① 地域の企業には「地域創生」のインセンティブを与える。
② 各地域のすべての国公私立大学に「地方創生学部」を設けて、専門的知見を蓄積する。そこでは、地域社会を豊かに変貌させるための有能な人材、チェンジ・メーカーの育成も目指す。
③ 地方創生学部への投資をする趣旨で、定期的にコンテストを実施する。ＮＨＫのロボットコンテストのように楽しく盛り上がったものにして、各大学が挑戦したくなるものにする。

①の企業へのインセンティブとしては、まずは、金＝賞金、名誉＝顕彰、実現＝企業からの提案を受け入れる用意のある自治体を公募するという3点が考えられます。
②の地方創生学部の創設は、教育改革・人材育成の一環としても、国を挙げて推進すべきテーマです。
③のコンテストは、大学だけに限定せずに産学共同、産官学連携、そして何より地元住民の参画で実施すれば、より広がりのある影響力を持つものになると思います。
加えて、活動全体については、マスコミ、インターネット、ＳＮＳ等を効果的に活用して、広報そして口コミによる情報の発信を心がけなければなりません。

そして、地域にとって、大学や研究者と交流を持ち、専門的な知識によって現場での取組みの方途を豊かにする工夫は重要です。

弁護士も、自分の仕事の幅を広げるためにも、地域創生のあり方を総合的に考察してみることは有益です。産官学さまざまな視点からのテーマが盛り込まれていますので、関連する法令や指針や裁判例を検討するだけでも大いに勉強になりますし、自分自身にとっての新たな専門分野を得る契機になり得ると思います。

【思いやりのある資本主義に関する新説】

40 倫理・道徳を大切にした公正な企業活動を日本から発信する

◉社会が直面する課題

AIやロボットの進化により、近未来の10~20年後には、日本の労働人口の約49%がAIやロボットで代替可能との試算もあります（2015年12月発表の野村総合研究所ほかによる試算）。また、情報化時代はさらに進み、価値ある情報を得られる環境と能力をもつか否かで境遇が大きく変わってしまう情報格差の問題もあります。こうした新たな社会を迎えつつある現実を正面から受け止め、私なりの方向性を模索したいと考えます。

私自身は、格差そのものをなくすことは資本主義社会ではできないと考えています。したがって、極端な格差、不平等を解消するとともに、能力を発揮する機会を平等に提供することによって、そこから生じた格差を納得できるものにする方向を目指さざるを得ないのではないかと思います。

◉格差を是正しチャレンジ可能な社会を目指す

そうした観点から、資本主義の下でも格差の弊害を縮減できるような、次の時代への過渡的方途として私が提唱するのは計画経済と自由経済の利点を組み合わせて機能させる仕組みです。たとえば、ベーシックインカム（BI）等により政府が全国民に公平に最低限の生活を保障する。そのうえで自由経済の面を加味すれば、その分十分な報酬が得られるでしょう。

BIとは、国民一人ひとりに、最低限度の生活を保障するための現金を国が給付するという政策です。現在の社会保障が対象者の資産や収入の要件の調査に膨大な費用をかけ、かつ不正給付や逆差別等の問題を生じていることから、そうした要件を撤廃して無駄をなくし、公平無差別に給付を行うというものです。

BIの長所は支給を受けても、さらに収入を得たい者は自由に活動できる点にあります。BIは、使途は自由ですし（収入を増やすために教育を受けたり投資することにも使える）、収入を増やしたからといって打ち切られることはありません（ここが現在の社会保障と異なるところです）。生きるうえでの一定の安心が得られるため、たとえ起業で失敗をしても生きるか死ぬかという切羽詰まった状況に追い込まれずにすみます。脱サラからの起業もしやすくなり、再チャレンジ可能な社会になるでしょう。

BIに対してはその財源面から問題視する見解もあることは承知しています。日本の財政が破綻すると世界的にも大きな影響を及ぼすので慎重に検討する必要はあります。しかし、BIによりもたらされるチャレンジ可能な社会は大きな成果となって社会に還元されることは間違いないのですから、国の支出の一定部分を財源に充てる方向で検討すればよいのではないでしょうか。

ＢＩは国による支給なので理論的には公助ですが、基盤となる精神は共助であるといえます。過度な自由競争がもたらした社会のひずみは、博愛の精神で助け合って是正するしかないと私は考えるのです。

◉日本の考えを世界に発信する

「経済」という言葉は、中国の古典にある「経世済民」（世を経《おさ》め、民の苦しみを済《すく》う）に由来することはよく知られています。しかし、現実の世界はどうかと顧みたときに、資本主義経済の下、過度な自由競争によって生じた如何ともしがたい格差問題が世界に蔓延しています。これを緩和するには国民全体が平等・博愛・共助の精神によって助け合うほかなく、前述のＢＩの導入もその一つです。

日本を含め先進諸国の経済成長は鈍化し、拡大路線を進められなくなっている現在、成長至上主義を断念し、成熟、定常化の方向に舵を切らざるを得ません。言い換えると、垂直指向ではなく、あらゆる物事を水平指向で考えなければならないのです。水平指向の社会では、量ではなく質の進化が追求され、機会の平等の拡充、そして公明・公平・公正が特に重視されます。具体的には、①貧富の差を小さくするための政策の実施、②男性優位の社会から女性活躍の社会へ、③水・食料等の生きるための必需品の質を平均化・充実化し、国民に公平に行きわたるための政策の実施等が必要です。

日本資本主義の父といわれる渋沢栄一は『論語と算盤』を著し、「富みながら、かつ仁義を行い得る例はたくさんある」と述べています。渋沢は論語を規範とする企業経営を実践しました。企業は、社会に貢献して利益を出す存在です。その使命を企業が果たし、永続するために必要とされるのは、論語に代表される倫理観・道徳観であり、法令遵守のみならず倫理・道徳に適った運営をして企業活動の公明・公平・公正を実現することです。

こうした考えの背景には、和をもって尊しとする日本人の国民性もありますが、日本は自分たちの経験も踏まえて、次世代の資本主義として、仁義・道徳・倫理そして良心を大切にする新しい経済体制を世界に発信してくべきなのです。

41

【人間の生き方に関する新説】

最上位は「志」であり、その次に「真・善・美」「夢・愛・誠」「道義・道理・道徳」がある

◉仏教の教えに直面する

仏教では、人間の善根を毒する煩悩として、「貪欲《とんよく》」、「瞋恚《しんに》」、「愚痴《ぐち》」を三毒といいます。貪欲とは「ものおしみ・むさぼり」であり、瞋恚とは「怒り・怨み」、愚痴とは「根本的なおろかさ・仏の知恵に暗いこと」ということです。この三毒は、最も根強い煩悩であり、人間はこの三毒に悩まされて生き続けるのです。

人間は、こうした貪欲・瞋恚・愚痴から逃れることはできないのですが、これらを抑えることはでき、それが人間としての価値を高めることにつながるのです。では、抑えるためにはどのように生きたらよいのか、誰しも考えざるを得ません。

◉自らの生き方を考える

私は、新人弁護士として昼夜を問わず仕事に打ち込みました。

1964年には、新人弁護士2年目で東映京都太秦撮影所の労使問題を担当しました。当時、かつては娯楽の筆頭であった映画はテレビの進出によって典型的な斜陽産業となり、撮影所で

は会社の生き残りをかけた大リストラが断行されていたのです。撮影所にはさまざまな人がいます。簡単な世界ではありません。

そのときのまさに獅子奮迅の働きが、当時の撮影所長岡田茂氏（のちに社長・会長等を歴任、故人）に認められたことで、米国メジャー映画会社13社の使用者団体の主席交渉員に推薦され、今では想像もできない非常に激しい労使対決の現場を体験し、弁護士の仕事の基礎を築きました。

このときの経験が、私の仕事の出発点であったといっても過言ではありません。岡田茂氏からは、「髙井君は英語もできないけど、やってみろよ！」と激励され、身体を張ってがむしゃらに奮闘しました。

13社の米国本社および日本支社代表者は一人の日本人以外全員が米・印などの外国人でしたが、まずは彼らを説得しなければならないという途方もない修羅場体験を経て、現在の物怖じしない性格ができたと思います。全身全霊をかけた私の働きぶりに人として感じるものがあったのか、不思議と相手方の労働組合役員・組合員からは恨まれず、逆に敬意を表されました。

苦しい峠を超えれば新しい平野が開ける、困難から決して逃げてはならない、という信念が生まれた新人時代でもありました。

この経験は、現在につながる貴重な財産となっています。相当な激務でしたが、やりがいがあり、希望にあふれ、楽しいものでした。こうした経験もあり、私の場合、「志」が、生き方を決める要素の最上位にきます。志があり、希望があることがすべての最初にくるのです。そしてそれにつながるものとして、「真・善・美」があります。

「真」とは真なるもの、真理ということですが、そこには発明・発見が含まれるということが大切です。人間は、ヒト・モノ・カネすべてについて真なるものを発見しようとする指向があるのです。モノについていえば、質の向上ということもあるでしょう。

「善」なるものを発見する心は宗教心だと思います。よいモノに憧れることはもとより、ヒトの人柄を気にかけるのも、善なるものを求めてのことでしょう。

「美」は、美意識に始まり、絵画、音楽といった芸術に至るものです。

これらの真・善・美は、人間の本然として、追求してやまないものです。「夢・愛・誠」もまたそうした人間の本然が求めるものですし、「道義・道理・道徳」もそのとおりなのです。「志」につながるものとして、これらのものがあると、私は考えています。

◉人間の生き方は企業のあり方に通じる

こうした考え方は、企業経営のあり方を考えるときにもつながっていきます。終身雇用制から能力主義による雇用に変化してきていますが、今後はさらに、単なる「能力」という即物的な尺度だけでは評価されない時代になっていくでしょう。製品でさえ、品質だけでなく、品格や品位も問われる時代になっているのですから、これと同様に、企業においても人物においても、美意識をも意識した「真・善・美」を追求する姿勢が経営者・従業員に求められるようになるはずです。

労働における人間性や精神的な世界が重視されると、人事・労務は最終的には「神の世界」に近づく努力ということになるでしょう。

働く者に崇高さや気高さを求めることは、使用者ひいては経営者にそれ以上の心構えを求めることにほかなりません。その意味で、人事・労務管理のコペルニクス的転換が必要だと私は提言するのです。

【社会の活性化に関する新説】

42 嫉妬の文化から脱却し、称賛の文化とならなければならない

◉なぜ優秀な人は嫉妬されるのか

「出る杭は打たれる」という言葉があります。広辞苑〔第七版〕では、「すぐれてぬけ出ている者は、とかく憎まれる。また、さしでてふるまう者は他から制裁されることのたとえ」と説明されています。これはなにも、いわゆるパワハラのようなものではなく、たとえば私が新人弁護士を指導しているときに、私が自らの新説を説明すると、新人弁護士が「それは教科書には書いていないですよ」と、半ばせせら笑うように言うということにも当てはまります。

新説を出すときに、そのような体験を私自身はたびたびしてきました。しかし、新説が受け入れられて、社会は次の段階になるのです。優れた考え、発見に向けた競争がなければ、進歩も発展もなく、よい社会になりません。

それではなぜ、優れている者が憎まれるのでしょうか。人間社会は競争社会ですから、優秀な人に嫉妬すること自体は当然のことなのです。つまり優れた人を讃えるというのは、人間の深層心理にあるものにさざ波を起こすことなのです。しかし、それでは人間としての進歩・発

展が止まってしまいます。そうならないためには、優れた人を讃えるという、道徳心・宗教心を涵養することが必要です。日本では、第二次世界大戦によってそれまでの価値観が失われ、人々は道徳心・宗教心を失ってしまいました。そのため、出る杭は打たれるという傾向は、戦前より強くなったと言わざるを得ないと思います。一番わかりやすいのは、新聞やマスコミです。優秀な人がでれば、その人のあら探しに専念するのが常です。週刊誌は言うに及ばず、大新聞やテレビも、競ってあら探しをして、いったん〝あら〟が見つかれば、どのメディアも同じように企画し、振る舞うのです。

◉正義の謀反

徳冨蘆花は1911年に旧制第一高等学校で行った講演の草稿である「謀反論」で、「自ら謀反人となるを恐れてはならぬ。新しいものは常に謀反である」と風発しました。また、「人が教えらえたる信条のままに執着し、言わせらるるごとく言い、させらるるごとくふるまい、型から鋳出した人形のごとく形式的に生活の安を偸《ぬす》んで、一切の自立自信、自化自発を失う時、すなわちこれ霊魂の死である」とも言っています。

これをビジネスの世界に引き寄せて考えれば、新たなビジネスモデルを構築するにあたって不可欠なのは、現状に甘んじることのない大いなる挑戦魂ということができるでしょう。P・F・ドラッカーが「企業は〝賭け〟である。……あらゆる事業のもくろみは、暗闇の中への飛躍であり、勇気と信念を必要とする行為である」（『経営の新次元』（小林薫訳編・戸田奈津子訳））と明言したことにも通じるものと言えます。

時代の進化や価値観の変容とともに、かつての正義がいつのまにか不正義に堕落することもあるのです。その状態を黙認せず、誠実かつ真摯に自らの正義感を訴え、世間を説得し、新たな正義を打ち立てようとする姿勢こそ社会的支持を獲得するでしょう。既成概念の上にあぐらをかく不正義に敢然と立ち向かう〝謀反〟は、あえていえば〝正義の謀反〟なのです。

無から有を生むような事業をなそうという挑戦者たちが、ビジネスの世界で成果を挙げられるように、温かく見守る姿勢が社会に必要です。他人と自分とを比較して嫉妬する暇があれば、自分を磨く方途を考えるべきです。日本が嫉妬の文化から脱却し、称賛の文化で覆われることを強く期待したいと思います。

【人間の労働に関する新説】

43

完全なる人間性の発揮である「ヒューマンワーク」が時代を切り拓く

◉人間の労働の変化

人間の労働の価値基軸は、社会の進歩や変化とともに変わってきています。

そのことについて私は、主に手足を使う肉体労働がメインであった「フットワーク・ハンドワークの時代」から、頭脳労働・知的活動がメインである「ヘッドワークの時代」、そして主に心を用いることが重要な要素となる「ハートワークの時代」への変遷として、折にふれて述べてきました（第2章28も参照）。

今の社会はこの「ハートワークの時代」へと突入しつつあるといってよいと思います。

ハートワークの時代では、「良心・善意・連帯心・成長」が大切にされます。

「良心」とは、自分の心に恥じない姿勢で生きることであり、組織でいえば、コンプライアンスや内部統制の視点といえます。

「善意」とは、他人の心を慮って行動することであり、ビジネスでいえば、顧客満足度の視点などでしょう。

さらに「連帯心」とは、豊かな想像力と良好なコミュニケーションによって相手の立場を十分に理解し、信頼関係に基づく人間的なつながりを基盤として何かを成し遂げようとする関係であり、現代のビジネスではこうした企業と顧客との双方向性が成功の鍵を握っているように思われます。

そして「成長」とは自分自身はもちろん周囲の関係者にも成長を促し、向上心が促され、それぞれの自己実現への欲求に満足感を与えることを意味します。

ちなみに、私の事務所としてのハートワークの工夫の一例ですが、秘書の就業時間外には、以前から学生アルバイトに勤務してもらっています。平日は17時~21時、土曜・日曜・祝日は9時~19時（二交代制）という時間帯に、全体で10名ほどの学生アルバイトがあらかじめ組んだシフトに従って交代で勤務し、秘書に代わって必ず誰かがお客様に対応できる態勢をとっています。そして、20歳前後の若い世代が事務所で日々一定の役割を担ってくれることにより、事務所の業務全体にもそこはかとなく若々しい感覚が宿ることにもなります。

◉次の時代の労働の価値

では、このハートワークの時代に続く時代はどのようになるのでしょうか。

私は、それを「ヒューマンワークの時代」と考えています。ヒューマンワークとはハートワークよりもなお一層、人間性如何が問われるものですが、それまでの「手足（フットワーク）」「頭

（ヘッドワーク）」「心（ハートワーク）」と細分化した発想ではなく、まさにそれらを統合したうえでの完全なる人間性の発揮の場として、私が命名した造語です。

ヒューマンワークは、人間性の原点に立ち返り、心身を限界まで尽くして、人として有する全機能をフルに働かせる労働を意味します。人は自らの限界ギリギリまで働くことで自らの限界を知り、そのことが自らの長所・短所と向き合う契機となり、さらに人間としての成長につながっていきます。いわばそうした全人教育の成果としてなし得るのがヒューマンワークと言えます。

ヒューマンワークは、企業の活動がグローバル化する時代にあって、ワークについての共通認識を構築する必要性の点からも要請されます。

それまでのフットワーク、ヘッドワーク、ハートワークでは、たとえばハートワークで求められる良心や善意といったものについての民族性による尺度の違いが問題とならざるを得ません。この点、ヒューマンワークでは、〝人間らしさ〟そのものが問われます。大きな困難に直面したときでも、逃げずに肉体と知力の限界まで気力を振り絞って頑張る姿こそが、あらゆる垣根を越えて胸を打ち、普遍的な価値観をもたらし、グローバルな顧客獲得にもつながるのです。

【「ヒューマンワーク」に関する新説】

44 「ヒューマンワーク」は時間によらない正当な評価とメンタルケアで成長につながる

◉人は一人であるがゆえに協働が肝要

「人」という文字は二人で支え合う姿を示しているという説があります。

しかし、白川静『新訂　字統』によると、「人」とは、一人の人が立っている形から成り立った文字であるとのことです。たとえば、松本竣介の油彩画に「立てる像」という著名な作品がありますが、ここに描かれている松本の自画像ともいえる仁王立ちする青年の姿は、「人」の文字を連想させるものです。

人は一人で生まれ、一人で死んでいきます。人は一人であるからこそ、母親に支えられ、父親に支えられ、兄弟姉妹に支えられ、そして、結婚ということによって、配偶者と家族に支えられていると思います。人は、そもそも一人では生きることができないがゆえに、支えられ、支え合って、はじめて自立できるのです。互いが互いを思いやって事を進める心情は、ヒューマンワークの大前提です。弁護士ももちろん同様です。

弁護士は、ボス弁、先輩弁護士、同僚弁護士、後輩弁護士、そして事務所のスタッフに恵まれなければ、よい仕事はなし得ません。そのためには、「人を大事にする」という発想の下に、良好な人間関係を展開させる必要があります。人を嫌っていては、人が支えてくれないことになることは言うまでもありません。また、組織づくりにあたっては、人柄、能力、あるいは気働きなどさまざまな分野においてマッチングにも配慮した人選が大切です。

人を大事にして支え合うために、若手弁護士は、人を愛する気持ちを持つことが重要です。ときに、孤独な弁護士がいます。誰の力も借りずに仕事をしているということは、人に支えられることを拒否する性格なのではないでしょうか。もちろん、人との協働はさまざまに気を遣う面が伴いますから、面倒に感じるのでしょうが、それでは人の組織は発展しません。

「人」という文字が一人の人間の姿に由来することを踏まえ、社会は、自立した人間の集合体・連合体・組織であり、協働により有機的な活動をしてこそ成果を出し発展するという事実を、特に若い弁護士には強く自覚してもらいたいと思います。若い世代は組織を意識しない傾向にありますが、組織を駆使してこそ、より大きな成果を挙げ得ることを知らなければなりません。

具体的な仕事についていえば、小さな仕事もコツコツ誠実に、絶えず前向きに取り組むことです。どんなに小さな仕事でも単に処理するという意識ではなく、仕事をするという意識が重要です。仕事の中に自ら新鮮味を発見しようとする努力をしてこそ、初めて次のステップに進み、大きな事件に取り組む能力を獲得し得るのです。日頃から新規性を求めない弁護士は、ある日、大きな事件を依頼されても十分にこなせるはずもありません。初めは小さな案件でも、真剣にまじめに一生懸命に取り組むことが何より肝要なのです。

◉ヒューマンワーク時代に求められる人事・労務

ヒューマンワークは、人間性が問われる働き方であるため、その評価も、経営者の打ち立てた明確なミッションの下、全人間性をかけてなされた働きを正当に評価し、仕事の達成感を与え報酬に反映させるものでなければなりません。**ヒューマンワークを目指すとき、時間労働的な思考からおのずと脱却し、依頼者や相手を満足させることを旨とする請負労働的な思考・働き方となるでしょう。そうなると、立法論としても、現在の残業時間のとらえ方自体を根本から変える必要がでてきます。**

また、こうした働き方は、誰もができるというわけではない以上、挫折し、組織・集団からの落伍や淘汰の恐怖に襲われ、人によっては精神疾患に陥る危険があることも忘れてはいけません。働く者が自己保健義務の一環として自らの健康に留意し、使用者もこれに配慮することもまた重要なことなのです。こうした点からも、今後の人事・労務もまた新時代を迎えると言えると思います。

このように一つひとつ目標をクリアしながら成長することこそ人の人たるゆえんであると、ある研究者が人間の脳の視点から説いています。

著名な脳科学者であった松本元氏（2003年に62歳で逝去）が一般人向けに書いた文章「脳科学からの提言――人が輝いて生きることのできる社会――」（情報誌『岐阜を考える』100号（1999年記念号。岐阜県産業経済研究センター刊））からの抜粋を、以下に紹介します。松本氏は、晩年は理化学研究所で、おそらく現在のAIにつながる研究だったのではないかと思われる「脳型コンピューター」の開発に取り組みました。

次のように、人間の脳の特質と人の成長に関するテーマが、一般人にもわかる平易な文章で書かれています。

「人が人以外の動物と決定的に違う点は、人においてのみ脳自身が脳の内的世界としての目標を欲することに至る、という点であろう」

「人生で勝つことを目標にすると、勝つことさえ難しい。勝つことに近づいたと思うと、脳活性が低下するからである。目標が達成されそうになったら、すぐさま次にめざすべき目標を設定することが大事である。山で遭難した人が山小屋を目の前にして、あと数十m～数百m手前で死んで発見される、ということは往々にして起こる。勝つことより、むしろ強くなること（成長すること）を目標にすることで結果として勝つのである」

成長を目指す姿勢そのものが、ヒューマンワークであると表現できるのではないでしょうか。

あとがき

本書は、弁護士が信用と存在感を生み出す情報戦略について書いてきました。つまり、情報戦略とは、弁護士が信用を得て多くの依頼を受けて「働く」ための戦略でもあるのです。この「働く」を考えるとき、弁護士の仕事に限らず、「人は誰のために働くか」という大変重要な命題があります。

時代の変遷とともに、人の労働観は「国家のため」から「企業・組織のため」に変わり、近年は「個人のため」「自分のため」へと変わりつつあります。

そして、将来的には「社会のため」という視点がよりクローズアップされていくと思います。近年、ソーシャルビジネス、社会起業家という分野について特に若い世代が関心を持っていることは、「社会のため」に働くという視点を重んじる価値観が広まりつつあることの証左であるとも言えます。

ソーシャルビジネスとは、地域あるいは地域を超えた社会的課題（福祉、教育、環境、まちづくり等の公共的分野）への取組みを、革新性ある方途によりビジネスの形に表して継続的に事業活動を進めることを言います（経産省ホームページ等）。

世界的によく知られるソーシャルビジネスの代表例としては、「貧者の銀行」とも呼ばれるグラミン銀行の事業です。この銀行の創設者であるムハマド・ユヌス博士は2006年にノーベル平和賞を受賞しました。

日本には昔から、二宮尊徳（1787年~1856年）の「道徳なき経済は犯罪である。経済なき道徳は寝言である」という思想や、「日本資本主義の父」といわれる渋沢栄一（1840年~1931年）が「道徳経済合一説」を説き続け、論語を行動の拠り所としていたという事実がありますから（渋沢は『論語と算盤』という本を著しています）、事業の社会性という視点はもともと受け入れやすいものでしょう。

弁護士も社会正義の実現を使命とするなら、第4章39に書いた地域創生という視点や、ソーシャルビジネスへの関心を持つ心がけをすべきです。

私がこれまで一番苦労した社会的な活動としては、第一に、現在の公益財団法人日本盲導犬協会での仕事が挙げられます。

私が日本盲導犬協会の理事となったときには、財政基盤は年間3000万円ほどでした。当時の理事長は著名な政治家でしたが、諸事情により私に理事長を引き受けてもらいたいとの依頼があり、2001年9月~2003年9月まで理事長を務めました。盲導犬の育成頭数を増やすことは無論ですが、まずは財政の確立が必要であると考えて、全国のさまざまな商業施設に募金箱を設置したり、遺産相続の遺言状を作成して遺贈寄付の受け入れ促進を積極的に進めていきました。

その結果、紆余曲折はあったものの協会の財政は豊かになり、今では毎年10億円を超えるほどの規模になりました。

第二には、1986年9月～2010年4月まで24年間近くにわたり、毎月、各分野で定評のある外部の弁護士を講師としてお招きし、事務所の顧客サービスの一環として「法律実務セミナー」を開催したことも、社会的活動の一つです。お招きした弁護士は、のべ二百数十人に上りました。

このセミナーの冒頭で、私は毎回、講師である外部の弁護士を支援する趣旨のご挨拶をしましたので、聴講された方から、「顧客をほかにとられるかもしれませんよ。法律事務所の経営にとって危険なことではありませんか」という親切心からの指摘を受けたこともありました。

しかし、顧客の引き止めに走るよりも、優れた弁護士の存在を広く社会に知らせるほうが社会正義に適う行為であると私は確信していましたし、セミナーを通して顧客を失うとしたら、所詮、自分の力量がその程度であったと反省してさらに精進すればよいのだと思っていました。

おかげさまで、「法律実務セミナー」を聴講された方が私との顧問契約を解消されたことはなかったと記憶しています。

第三には、キャリア権の普及活動への取組みが挙げられます。第2章㉖にも書いたように、私は諏訪康雄先生を座長にお迎えして「キャリア権研究会」を主宰し、約2年間9回の議論を経て「報告書」を発行しました。そして、この研究会が基盤となり2013年4月にはNPO法人キャリア権推進ネットワークが設立され、現在に至っています。

ほかには、ユネスコへの気持ちばかりの毎年の個人としての寄付等が挙げられます。

私はこれらのささやかな社会的活動を通して、そのときどきの社会の問題を考えて自らの意見・新説を発信することができました。そしてこれらの社会問題を通じて、専門分野である人事・労務問題についての思索も重ね、新説を創造・発表することできました。その意味で、これらの社会的活動も、弁護士としての活動と情報戦略にある種の深みをもたらしたのではないかと考えています。

本書は情報戦略について書きましたが、それはあくまで弁護士の経営戦略の一環です。私は、今後もさらに精進を重ね「新説」創造力を磨きながら、弁護士の情報戦略、経営戦略を実践・追及し続けたいと思っています。

弁護士の情報戦略――「新説」創造力が信用を生み出す

平成30年10月23日　第１刷発行

定価　本体 1,700円＋税

著　者　髙井　伸夫
発　行　株式会社　民事法研究会
印　刷　株式会社　太平印刷社

発行所　株式会社　民事法研究会
〒150－0013　東京都渋谷区恵比寿３－７－16
〔営業〕　☎03－5798－7257　FAX 03－5798－7258
〔編集〕　☎03－5798－7277　FAX 03－5798－7278
http://www.minjiho.com/　　info@minjiho.com

カバーデザイン／袴田峯男　　ISBN978-4-86556-249-1　C2032　¥1700E
本文組版／民事法研究会（Windows10 64bit+InDesign2018+Fontworks etc.）
落丁・乱丁はおとりかえします。